小步向前

如何用小生意
创造大效益

[美] 莎伦·罗维（Sharon Rowe） 著
[美] 朱利安·罗维（Julian Rowe） 插图
王正林 译

中信出版集团｜北京

图书在版编目（CIP）数据

小步向前：如何用小生意创造大效益 / （美）莎伦
·罗维著；（美）朱利安·罗维绘；王正林译. -- 北京：
中信出版社，2023.6（2024.8重印）
　　书名原文：The Magic of Tiny Business
　　ISBN 978-7-5217-5607-4

　　Ⅰ.①小… 　Ⅱ.①莎… ②朱… ③王… 　Ⅲ.①中小企
业－企业管理 　Ⅳ.①F276.3

中国国家版本馆 CIP 数据核字（2023）第 094791 号

小步向前：如何用小生意创造大效益
著　者：［美］莎伦·罗维
绘　者：［美］朱利安·罗维
译　者：王正林
出版发行：中信出版集团股份有限公司
　　　　　（北京市朝阳区东三环北路 27 号嘉铭中心　邮编　100020）
承印者：　北京通州皇家印刷厂

开本：880mm×1230mm　1/32　　印张：6.5　　字数：81 千字
版次：2023 年 6 月第 1 版　　印次：2024 年 8 月第 8 次印刷
京权图字：01-2020-4286　　书号：ISBN 978-7-5217-5607-4
定价：59.00 元

/ 对于本书的赞誉

这是我所读过的最好的商业书。它揭示了事物的本质，从为什么由优秀到卓越开始，对生活的实际展开方式有着敏感的认识。

——卡罗琳·杜尔（Caroline Duell），

All Good 创始人兼首席执行官

莎伦向我们展示了当我们利用商业为我们服务，而不是沦为商业的奴隶时所使用的魔法。

——罗丝·佩内洛普·伊（Rose Penelope Yee），

Green Retirement 股份有限公司首席执行官

这是一个关于创业的引人入胜的真实故事，它具有相关性、启发性，并提供了简单可行的步骤来实现你想要的商业之旅。

——亨利·克罗斯（Henry Cross），

Hosh Yoga 和 Hosh Kids 公司执行董事

这本鼓舞人心的书的背后愿景并不微小，它既是回忆录，也是渴望成为实干家并创办自己企业的梦想家的指南，真实、透明，有时还很有趣。所以，如果你渴望在生活中做一些能激发你的热情并提供薪水的事情，那就好好读一读这本书吧。

——桑德拉·安·哈里斯（Sandra Ann Harris），

ECOlunchbox 创始人

莎伦挑战了华尔街关于企业应该如何发展和运营的思维方式。这本书对所有希望接受另一种模式的企业家来说都是一本鼓舞人心的著作，在这种模式下，小企业是可持续的、目标驱动的和成功的。

——诺娜·林（Nona Lim），

诺娜·林食品公司创始人兼首席执行官

"从你的生活开始"是这本书的主题。小微企业的魔力在于，它有意致力于以支持我们生活质量的方式发展我们的公司。

——艾伦·奥纳多（Ellen Ornato），

The Bolder 公司创始合伙人

这是一本实用的、易操作的指南，指导你创办和经营一家有影响力的企业（这样你的企业就不会反过来控制你了）。

——丹尼斯·塔谢罗（Denise Taschereau）、

萨拉·怀特（Sarah White），Fairware 公司联合创始人

这本书融合了禅宗般的智慧和实用、可行的商业建议，很有吸引力，给人的整体效果是诚实、人性化、有用的精神食粮，行动的宣言，以及成功的蓝图！

——乔纳森·佩克（Jonathan Peck），

Dovetail 出版社

用企业来支撑你想要的生活，这是我们都需要听到的信息。

——苏珊·丹齐格（Susan Danziger），

Ziggeo.com 创始人兼首席执行官

莎伦证明，不仅可以优先考虑高质量的生活和体面的职业，而且正是这种神奇的组合让这一切都变得有价值。

——肖恩·贝里（Shawn Berry），

LIFT Economy 联合创始人

如果你是一名企业家、创始人或有抱负的领导者，莎伦·罗维会提醒你为什么要热爱商业，以及你在任何规模的商业层面上都能做许多有意义的事。

——科里·布莱克（Corey Blake），

圆桌公司创始人兼首席执行官

莎伦向你展示了如何拥有一家小而美的企业，这是对你的员工和社群的祝福，无论它是大还是小。

——朱迪斯·赖特博士（Dr. Judith Wright），

《战斗之心》（*The Heart of the Fight*）作者

一本非常权威的书，小生意就是大买卖！

——凯伦·桑兹（Karen Sands），

畅销书作家、思想领袖和演说家

这本书向我们发出了一个愉快的邀请，让我们重新思考企业是如何建立的，以及我们如何定义成功。

——杰西卡·奎因（Jessica Quinn），

Civic Hall 总经理

莎伦的书提供了一个有关创业的令人耳目一新的视角，提醒创业新手和有经验的创业者更深入地审视在我们的工作中成功、快乐和有影响力意味着什么。

——德西蕾·瓦格斯·瑞格利（Desiree Vargas Wrigley），

Pearachute 创始人

这本书消除了那些努力改变现状的企业家通常面临的恐惧。莎伦分享了如何在保持生活平衡的同时专注于使命的智慧。

——艾莉莎·格拉维茨（Alisa Gravitz），

绿色美国公司总裁兼首席执行官

在嘈杂的商业环境中，莎伦的话让人平静下来，提醒我们专注于重要的事情，并用自己的方式定义成功。

——丽贝卡·罗德斯科格（Rebecca Rodskog），

FutureLeaderNow 联合创始人以及 12@12 创始人

谨以此书献给每天鼓舞着我前行的家人：

布莱克、朱利安和伊娃。

这本书适合那些想要自己创办公司，同时还要与家人共享晚餐的人，他们想做些有意义的工作，但除了工作，还有另外一些优先事项。

另外，这本书还适合那些知道时间比金钱更重要，也知道赚钱和创造美好生活同样必要的人。

　　事情是这样的，如果你和我们大多数人一样，需要工作谋生，更重要的是，你想成为某个组织、团体或者公司的一部分，希望做出贡献和实现价值，你想通过做你想做的事情而过上美好的生活。你可能不知道自己到底想要什么，但很清楚自己不想要什么。

　　我们每个人需要的和想要的或许看起来不同，但还是有一些共同的线索可循。我猜你想要这些：

　　时间： 自由地选择什么时候使用以及怎样使用你

的时间。

资源： 现在以及将来能够支持你的事业与生活的金钱。

关系： 和你共同生活的人们建立密切的关系。

意义： 你做的事情很重要。

也许你正考虑创业，但创业的整个过程纷繁复杂，极为艰难，给你带来的压力，好比一座大山压得你喘不过气来。我相信，对于创业为什么这么艰难、复杂，你有你自己的理由——无资金、无时间、无技术，这"三无"是通常的罪魁祸首。但我要告诉你，即使你从一无所有开始（顺便说一句，没有人真正是从一无所有开始的），只要你树立了目标，再加上你的耐心，就能够创造一些实质性的、可测试的、有价值的东西。在本书中，我将给你一些建议和指南，并且带你访问一些社群，帮助你开始创业。

为什么不充分利用你的工作和生活并获取一定的回报呢？为什么不创造些什么，过上你梦想中的生活呢？我说的不是通过经商办企业来获得名声和财富，因为并非每个人都想这样，比如我就不这么想。我在这里说的创业，是引导你进入一个快乐的中间地带，我称之为"小公司"，在这样的公司里，商业规则与个人选择交织在一起，并且以你自己为核心运转。

需要说明的是，这本书说的并不是只由一个人经营的公司，因为有些人可能认为这样的公司才叫"小"。我对"小"的定义更多与创业的意图和目的有关，与公司的规模或收入无关。"小"指的是你重点聚焦公司的本质以及不会做出妥协。我的小公司是环保手袋产品公司（ECOBAGS Products），年平均销售额为200万美元。我还认为收入超过2亿美元的巴塔哥尼亚（Patagonia）也是一家小公司，因为它对自己的目标非常执着。

小公司，大目标

你听说过"小房子运动"吗？这是一种日益流行

的趋势，指人们出于各种原因有意缩小自己的居住空间，其中最能引起共鸣的似乎是高效而有目标的小而美生活给人们带来的自由和时间。

目标带来意义和幸福

和小房子一样，小公司的创建，是通过把目光聚焦在你认为重要的东西上，并且消除不必要的东西而进行的。所谓不必要的东西，是指所有额外的东西。小房子运动的倡导者说，这项运动是用更少的钱创造更有意义的生活，并且是更有目标的生活。第一步是决定什么时候说不。你必须严格规定房子里要包含些什么、扔掉些什么。辨别了什么是重要的和必要的，就更容易消除身体和精神上的混乱，从而更加轻松、更加丰富地体验生活和工作。

小公司是由你优先考虑的要事及意图决定的，和多少名员工无关。这涉及你的专注程度，而不仅仅是你创造了多少收入。同时要意识到，尽管增长是好的，但不能不惜一切代价增长。

小公司的创业方法需着眼于长远。它需要一种自律的心态，把问题分解成机会，并且鼓励采取渐进的、深思熟虑的步骤，使你和你的公司保持健康与活力。

这本书讲的是我的ECOBAGS这家小公司的故事，介绍了我如何创建一个利基品牌，然后耐心地坚持下去，从一个单一的创意开始，利用非常有限的资源来解决我有热情去解决的问题。我就是这样有意识地将一家小公司从一个小创意逐渐发展壮大成一家以我自己可管控的速度赢利数百万美元的公司，与此同时，我的家庭生活和我的假期还处于优先位置。

是的，你不必为了过上美好生活而勉强度日或牺牲一切！

是的，你可以创建一家能够赢利的产值百万美元的小公司，无须晚上和周末加班！

你可以做到！

小公司的业务是你触手可及的

但是，请不要误会我的意思，这并不容易做到。创办小公司需要极大的灵活性、创造性和纪律性。在每一个转折点都要做出决策的情况下，那些比利润更重要的东西（但是也包括利润）会带来有意思的挑战。这就是搞清楚你的创业理由如此重要的原因，也就是说，简单而清晰地设想你为了什么而想在生活中、工作中和世界上进行一些创造。小公司的创业方法，就是关于设定你现在和未来创造价值和影响的意图。

"

当你花时间弄清楚自己想要什么，选择了一个方向，

排除了所有障碍时，会发现自己能够更轻松、

更自由地前进，这就创造出了一种'魔力'。

"

当你在一段时间内集中精力和坚持不懈地努力时，将感受到一种自由，体验到一种快乐，而这种自由和快乐，就是上面所说的"魔力"。只要你确切地知道自己想要什么，也就容易把你不想要的东西（即所有的杂乱和噪声）都推到一边。

小公司就是你自己的公司，适合你的生活

有些流行的错误观念认为，创业是一场一路竞争到顶峰的赛跑，而媒体也希望你这样认为。但是，创业不一定非这样不可。它可以是一次愉快的、有教育意义的徒步旅行，从一个地方抵达另一个地方，一步一步到达顶峰。到达那里之后，你的财务状况会比创业之前更加健康，你的个人状况也会有所改善。创建了小公司，你就能一路走走停停，闻闻花香，从中感受到快乐。你最终会到达你想去的地方，到那个时候，你的人生会变得更加完整。

/ 前言

　　大约 30 年前，我的演艺事业发展得很好，演出场馆座无虚席，但我的银行账户没有存款，而且刚刚当上妈妈，肩上又多了一份沉甸甸的责任，因此，我需要改变。我想把我的家庭放在第一位，有一份好的收入，做一些能够产生影响的事情。假如到别的公司上班，激烈的职位竞争和规定的工作日程会带来巨大压力，我不想承受这样的压力。同时，在公司的世界里，每个人都埋头干自己的事情，连窗户（甚至门）都从不打开，这样的工作让我感到窒息。我天真地以为，自己创业会更容易些。

我称自己为"一个不情愿的创业者"

追求成功，对自己的工作负责，并且赚钱——就像喊"1-2-3"那么简单！

我在一个零售家族企业中长大——位于康涅狄格州布卢姆菲尔德的米尔特陆海军商店（Milt's Army and Navy），就是我家开的。我父亲的工作时间很长，而我12岁时也开始在那里工作。顺便说一下，我错过了每周六的高中活动，包括足球比赛。我知道我不想要这样的公司，这不适合我！

我想要些别的东西，一些尚不存在的东西，至少，据我所知是不存在的。我想发出自己的声音，能够分享我的想法，做出贡献，过上美好生活和管理好自己的时间。我不想"为五斗米折腰"，这意味着我不愿意为了在公司中晋升而做出妥协。我不想为了将来而牺牲现在。我明白时间是宝贵的，是一种我们不可能拥有更多的有限资源。我想创造一些东西，并在此过程中有时间休闲。我厌倦了妥协，所以，作为一位有着多年拒绝他人经验的演员，我在想："为什么不呢？为什么不做我自己想做的事呢？"

我心里有了一个主意，一个让我感到兴奋的"小"主意。我想引入可反复使用的购物袋的概念，就像我几年前在法国看到的那样。我讨厌一次性塑料袋，我想其他人可能也厌倦了。它们总是破损，被人们丢弃在树丛里和水沟中。它们是即时垃圾，十分浪费。所以它们既不实用也不环保。每次看到人们在街上乱丢垃圾，我既伤心又生气。我当时认为，而且现在仍然认为，拥有清洁的环境、空气和水，是一项人权。

我是一名演员，刚当上妈妈，嫁给了一个自由音乐人，住在一个既不容易谋生又没有其他多余选择的大城市里。即使房租是可控的，但也是一种财务负担。我做出了选择，规定了严格的工作时间和健康合理的收入目标。同时又制定了创业规则来支持我的环保目标（不留垃圾）和社会优先事项（公平的劳动换来公平的工资）。我认真研究并挑选了第一批能够与我很好匹配的供应商，他们并不完美，但我需要开始和他们做生意。

"我知道，亲爱的，但是环境并不能让爸爸赚到钱。"

现实提供给我的选项是：

照顾家庭 + 朝九晚五的工作（整天都不在家）+ 上下班通勤 + 晚回家 = 精疲力竭

我最终做出的选择是：

在家工作 + 获得非雇佣收入 + 灵活地照顾孩子 + 灵

活的时间 + 额外的时间 = 每天都很轻松

我做的事情在许多层面上都非常实用：

1. 我找到了自己有激情去做的事情（我的创业理由）。
   我下定决心要让这个世界摆脱使用一次性塑料袋的习惯，并以此谋生。
2. 我创办了一家公司，它是为了解决某个问题（创业的更多理由）。
   我生产并销售一种负责任的、与环保生活方式相符的产品，以取代浪费的、不环保的塑料袋。
3. 我运用自己的资源创业（创业的方式）。
   我用自己的积蓄开始创业。我走上街头推销，用信用卡付货款。我一边创业，一边补充现金流，虽然我犯了许多错误，但我学到了需要的东西。

还有什么比这些更贴近实际呢？我白手起家，没有接受过正式的商业培训。我没有等着先制订一个总体商业计划再来创业，而是一下子就跳进商海，着眼于长远。

我有一个愿景，那就是净化地球，并且在不出卖灵魂的前提下过上好日子。我意识到对于我的事业以及刚刚组建不久的家庭来说什么是重要的，并且在这种意识的指引下制定了自己的规则。我没有备用计划，也没有充裕的时间，但设想了如何在没有大型商业计划和巨额资本的情况下创造可持续的增长和合理的利润，而且不需要每天24小时不停地工作。

除了创办一家健康的、赢利的企业，我的这家小公司还帮助我：

- 树立好榜样。
- 吸引最优秀的人与我合作。
- 乐享我从事的工作。
- 在社群中成长，而不是孤单地生活。
- 鼓舞他人。
- 塑造我想象的生活。

这难道不是我们每个人都想要的吗？

你自己挑。

——赛斯·高汀（Seth Godin）

我赌上了自己的人生，我相信你也应该为自己的人生押注。

如果你有一些原本相互冲突的想法，例如，想让你的工作有意义、想过上好日子，或者想在创造自己事业的同时把家庭和其他生活摆在首位，那么小公司适合你。

如果你衡量成功的标准是拥有足够的收入，以便过上富足的生活，并且能够随心所欲地做你想做的事，那么我在这本书中分享的内容将会引起你的共鸣。

我之所以写这些，是因为我知道，当你非常清楚自己想要的生活，并且采取深思熟虑、戒律严明、针锋相对的举措去创造它时，也就是说，当你创办小公司时，便能够产生一种魔力。

小公司就是你自己的公司，适合你的生活

1. 你有意识地对自己创办的小公司施加各种限制，这些限制增加了你对重要事情的专注度。"小"意味着可以说"不"。

2. 这种专注有助于你在个人生活、商业管理和面对世界中优先考虑"为什么"，也就是那些对你重要的事情、你想要创造的东西。

3. 这些优先考虑事项指导你"怎样"做出每一个决定，也就是亲自参与创业。

4. 专注、优先重要的事和清晰地知道自己要做些什么，创造出了一种魔力，能够让你享受这个过程。你记得要呼吸，你会在这一切中茁壮成长。"小"也意味着可以说"好"。

《小步向前：如何用小生意创造大效益》这本书包含了我学到的所有经验教训以及我想分享的关于小公司的看法与建议，它们经过了时间的检验。有了这些提

醒，你能在创业之旅中更加顺利地前行。

在第一部分中，我深入阐释了什么是小公司以及有意识地施加各种限制意味着什么——无论是每天下午5点准时下班、对环境产生积极影响，还是享受灵活的日程安排。我帮助你盘点你必须从什么开始（相信我，这就足够了）、需要些什么，以及你可以采取哪些步骤。

第二部分旨在弄清楚你的"为什么"，即创业的理由。你想要什么样的生活、事业和世界？你为什么想自己创业？你为什么热衷于销售这种特殊的产品或服务？分析这些问题的答案，有助于你清晰地了解你自己的品牌和你的故事，也就是你正在为市场增加的独一无二的价值。

在第三部分中，我将详细介绍启动和发展小公司的具体细节，从现金流到会计核算、预测增长和衰退，等等，同时始终把你的"为什么"摆在最重要的位置。

第四部分是关于你在整个创业过程中如何保持个人的生活不受影响。创办小公司的目的是使生活越过越好，好比"芝麻开花节节高"。你需要停下来闻一闻花香，或者端杯水来喝上几口，或者在你想散步的时候去散散步。总之，你得享受创业之旅，这部分将向你展示怎样做到。

这本书并不是一份关于创建和维持小企业的详尽指南，但它突出了一些适合个人的关键的和创造性的方法。在每一章中，你将找到我从自己的小公司创业之旅中获得的指导和保障。我还提供了一些建议，包括如何最大限度地引导和利用反对者的声音，以及怎样利用自己在社群中的地位。我分享了合作、管理增长和管理现金流等方面的最佳实践经验。我甚至可能化身为你耳朵里的小虫子，在你想要放弃的时候念叨着让你坚持下去，尽管放弃也是一种重新规划你想要的东西的好方法。

我还会分享我犯过的错误，希望你能避免同样的错误。但是请相信我，你还会发现其他错误的！

如果你在创业途中摔倒了，记住，这只是擦破了点儿皮而已，当你对自己的事业有了兴趣时，你一定会坚持下去。

/ 目录

第一部分

有意地施加限制

这一点儿也不疼……

第一章　什么是小公司？

> "
>
> '要么做大，要么回家'是一种主流的观念，
>
> 但它令人厌恶，并且具有误导性。
>
> "

冒一切风险，甚至不用费心地尝试其他方法。

力争上游。

积极进取。

假如你没有成功

你完了。

你毁了。

你输了。

你永远都不可能成功。

没有人想跟你做朋友。

我吓到你了吗？做大做强，并不适合每个人，至少不适合我。

但是如果有人问你："是什么激发了你，让你兴奋，让你充满活力，或者激励了你？"会怎么样？

假如我向你展示一种在商业上与众不同的方法，也能带来成功，你会怎么做？

是一种使你一步一个脚印，而不是冒一切风险一头扎进未知世界的方法吗？是一种让你有意识地确定你想要的东西的方式，缓慢而稳定地进行，只有在你准备好了才加快步伐的方法吗？

你可以鱼与熊掌兼得。创办了小公司后，你可以既拥有很好的收入，又享受美好的生活。

这是小公司

1. 它之所以诞生，是因为你非常明确地知道你想从自己的生活中得到些什么，以及什么东西对你来说最重要。
2. 让你能够生活下去，也给你生存的空间。
3. 将你的精力放在对你非常重要的事情上。
4. 按照你自己的节奏，依照你人生中的优先顺序成长。
5. 根据你自身的条件而创办的符合你的生活的公司。

这不是小公司

1. 完全出于对薪水的需要而诞生。
2. 要求你把生活中其他重要的事情都推到一边。
3. 将你所有的精力放在赚钱上。
4. 为增长而增长，不考虑生活中其他的事情。
5. 根据公司的条件创办，你必须以你的事业为核心而生活。

用你的价值创造市场价值

创办小公司的方法是一种专注力强、训练有素的方法，强调让你的事业为你服务。它深深扎根于你要优先处理的事项，并且获得经过检验的商业智慧提供的支持。这是一种启动、运行和发展企业的方式，凭借此方式，你可以代表某些价值观和理念，并且创造可扩展的营运资产，无须全天候工作。小公司是个大机遇，这是你开启社会资源的机会，你要用你的价值创造市场价值。

> "
>
> 小并不能定义你创造的收入——收入可以和你的抱负
> 一样大。
>
> "

就像小房子运动一样，第一步是明确你的优先事项。你希望从现在的生活和事业中获得什么？有些东西是你必须拥有的，另一些东西则不太重要，但拥有了也不错。假如你创办小公司的过程是一段旅程，你整整一年都得背着一个小旅行袋，那么你需要往袋子里面装些什么呢？

对你来说什么是最重要的？

你真正在为了什么而工作？

什么是你创业的理由？

"

小公司是你谋生的方式，而不是自虐的方式。

"

怀着"小"的心态，你将从个人与职业两个方面里最重要的事情开始，并且定期查看所有决策的优先级。通过制定并坚持日程安排，然后开始工作，你可以训练自己坚守戒律。你需要制造一些与你有联系的东西（无论这种联系是情感上的、心理上的，还是身体上的），一些能够赋予你能量的东西。

你选择了对你来说必不可少的东西，然后有意识地清除障碍、噪声和杂乱，而不管它们是真实的还是想象中的。你有意识地将你的事业与生活限定在自己需要的和想要的范围内。就是要采用这些方式，用更少的资源去创造一种有目标的生活。

> 富足是关乎拥有足够的金钱过上最好的生活。
>
> ——艾米·阿德耶米（Amy Adeyemi），托罗通信

我想要的是：

- 灵活的日程安排。
- 晚上和周末可以自由休息，外加至少四周的假期。
- 将家庭放在首位（例如，不会错过校园戏剧节）。
- 有时间照顾自己（每天游泳和冥想）。
- 财务安全。

- 百分之百地相信自己做的事情。
- 在不制造新问题的前提下解决问题。

是的，这些我都想要。这需要付出大量的努力，严格地遵守戒律，而我做到了。

小公司是严肃的，它还很复杂。创办小公司，并不是一种容易的、以任何方式都可以使你能够快速致富的方法。这种创业在你的价值观中占据很重要的地位，而且需要你放眼长远，耐心地坚持下去。但是，一旦你弄清楚了你想要什么，全心全意地投入其中，撸起袖子加油干，你就会明白，原来你可以使用丰富的资源，一方面支持你的事业，另一方面将你与其他志同道合的人联系起来。

对你来说最重要的是什么？

这里有一幅也许能够描绘你的想法的图画。

你渴望做大事，但也需要谋生。你可能产生了很多对变革的恐惧，这取决于你对什么负责（以及对谁负责）。我可以肯定，你的激情中也充满了大量的兴奋之感。创办小公司是一个拥抱和聚焦这种激情，以便支持你的机会。

如果你觉得自己已经做好了开始创业的准备，但是无法清楚地指出是什么阻止了你，这就意味着你需要休息一下，把对自己的要求整理出来。

从你想要的生活和工作开始：

- 用于旅行的时间与金钱。
- 每天晚上回家吃饭。
- 将宠物带到上班的地方。
- 通勤方便，或者无须通勤。
- 为你信任的品牌或企业工作。

如果你觉得不舒服，首先从你不想要的事情开始列举：

- 有限的假期。

- 每周工作40多个小时。

- 在小隔间里上班。

- 长时间的通勤。

- 将时间花在你不信任或不相信的品牌或企业上。

继续在你的列表上添加内容。接下来，看一看你与关键商业概念的关系。写下你对以下事物的理解和体验：

- 金钱。

- 风险。

- 利润。

- 成功。

这些东西看起来十分基础，很容易列举，但当你深入其中，会发现它们包含很多内容。

开始的时候，温和地与自己对话，但是当你感到自己有可能分神时，请更深入地和自己交谈。把你的想法毫无保留地写下来，记日记，或者，如果你喜欢看得见、摸得着的实物，那就画个草图或制作一张拼贴画。你写的、说的、画的、创作的，都不会有对错之分。这是在培养一种敏感性，是打开和点燃你在生活、工作和世间真正想要的东西所需要的敏感。这也是小公司的基础。

质疑你的假设

我建议你从现在开始与自己建立一种全新的坦诚的关系，以便处理重要的概念性的事务。别偷懒，不要满足于模糊的定义或者依赖于你认可的主流文化。

例如，假如你不知道"风险承受能力"是什么意思，那么现在就承认你真的不知道这个概念。

"

开始的时候，你不需要知道所有的事情，但是，

你必须清楚自己知道什么，不知道什么。

"

"我们到了吗?"

这是一个正在进行的流程,我经历了很多痛苦才了解了它。

商业概念有着深厚的文化渊源,可能引发非常个人的反应。我们对于未经检验的概念,往往有一种逃避思考它们的习惯,直到绝对必要的时候才进行思考,然后在情况出现的时候做出情绪化的反应。

当情况出现,需要决策时,你要尽可能做好准备,以便深思熟虑地予以响应。要提早做这件事,从而可以毫无压力地处理紧急事务,并且相信你的理解会随着时间的推移而加深。

第一章 什么是小公司?

分解成小的步骤

这里的经验是采取渐进的方式：把所有概念都分解开来，这样对你来说才有意义。这涉及学会如何采取小步骤、开始与概念建立个人的联系、质疑你的假设，以便选择最好的前进道路。

我是从以下这些问题开始考虑的。

金钱：我没有足够的钱，似乎也赚不到足够的钱，并且不明白可以用哪些钱，或者不能用哪些钱，这让我感到很不舒服。在我刚破产的时候，我骗朋友说，我之所以不能参加聚会，是因为我很忙。我很快意识到，经营一家企业，会不得不使用和管理借来的钱（即债务）用于增长。这开启了关于风险的下一个话题。

在你转入下一话题之前，先自己回答以下问题。

- 你有钱投资你的企业吗？
- 你能弄到钱吗？如果你的答案是肯定的，列出所有你能获取金钱的人和渠道，以及从每个人和渠道那里能获得多少钱。

- 有钱，你会怎样？没钱，你又会怎样？
- 足够的钱是多少？
- 你的拓展目标是什么？它会给你带来什么？

风险承受能力： 我不知道我对金钱的风险承受能力有多大。我面试过很多次都失败了，但那些都只是伤了我的心，没有伤及我的银行账户。如果让我用1~10分来描述我对风险的承受能力，对我来说没有任何意义。我没有什么可失去的，这就好比一个3岁小孩在滑雪时即使摔了一跤，也不会很疼。如今，我用预测来分析和管理风险。

- 你现在是不是实现了财务安全？
- 如果是这样，可以在多长时间内保证安全？
- 你现在以及3个月后需要多大程度上的财务安全？
- 面对一个商机，你能承受多大的投入或损失？
- 你现在愿意冒失去什么的风险吗？

商业是思想的货币。

——我

财务安全：起初，这意味着支付基本的生活账单，外加一点额外的休闲费用。然后，它发展到包括抵押贷款和学费支付、储蓄以及获得信贷。你现在处于什么阶段？

你每个月必需（必需品）和想要拥有的（欲望）金钱数额是多少？

这两个数字之间的差距，对你来说意味着什么？

在接下来的 12 个月里，你必需的金钱和想要拥有的金钱数额会发生怎样的变化？

利润：不要耗费它，而要使用它。

多年来，我一直把利润和报酬混为一谈。我忽视了"首先付钱给自己"这句至理名言，完全忽略了为自己的工作奖励自己的意义，而无论数额多少。经商 30 年后，我学会了主动推行"首先付钱给自己"。你必须给轮胎充气，否则就不能驾车出行，但是你给自己的报酬，是另一个问题。为你的报酬选择一个百分比，总收入减去你的报酬，再减去支出，等于利润。把利润看作你可以用来创建企业的资产。

- 你目前对利润的理解和定义是什么?
- 你的支出是多少?
- 你给自己多少报酬?
- 如何利用利润来发展你的企业?

成功：对我来说，成功意味着拥有一些资源来体验我现在和将来想要的东西。灵活性和良好的健康状况是成功的关键，而在外面旅行时，到底是露营还是入住五星级酒店，与成功的关系不大。如今，成功还包括拥有一个平台和有时间与受众分享我学到的东西。请试着每天都描绘一下，成功对你来说是什么样子。

- 从现在开始的3年后，你希望成功是什么样子?
- 想想80岁时的自己，是什么让你的生活成功的?

法式滤压壶的故事

一次，我和一位老朋友谈论在船上住一个多星期是什么感觉。她说："只要我有我的法式滤压壶，就很好。不管船上多么湿滑、多么摇晃、多么潮湿，或者气味多么难闻，只要早晨能从我的法式滤压壶中倒出一杯热的爪哇咖啡，世界上的一切就都是美好的。"

你的法式滤压壶是什么？它能让你觉得这个世界一切安好吗？

制作一份清单，列出让你快乐的事情，不论它们是什么。

以下是我的清单：

- 周末放松一下，和家人、朋友在一起。
- 在海边过几天——必须超过一星期。
- 夏季每天游泳。
- 日落时分在河边吃晚餐。
- 在农贸市场上购买食物。

- 在家做饭。

- 在我需要的时候买得起那些普通的东西（我不介意为更大的东西存钱）。

- 可以上台演戏，也可以去剧院看戏。

- 拜访朋友。

- 远足。

- 旅行，无论目的地离家近还是离家远。

找出你清单上的必需品和想要的东西，确保必需品是你"为什么创业"的一部分原因，不要妥协。

第二章　利用你所拥有的，让其发挥作用

> "
> 我无法说清所有我想要的，但我知道我不想要什么。
> "

一天，为了着手准备创办自己的公司，我在家不停地工作了一个上午。之后，我离开办公桌，去休息一下，我已经累得只想休息了。这时，电话铃响了，电话答录机接了起来。

请想象一下当时的情形：经理吼叫的声音从电话答录机的小喇叭里传出来，他说我太不负责任了，只是因为我没有在确定的时间出现在他期望我出现的确定地

点。那时，我的儿子刚出生，我联系了一家托儿所，以便可以在家工作，同时，我认真地承担起全家人的生计，也在为我的新家庭的财务健康和幸福安宁做出努力。并且，我是我们经理管理的团队中业绩最好的销售员之一，也是唯一的女性。

我接下来做的事既不负责任，也不合逻辑。我需要这份工作，因为我曾是一名演员，知道演戏无法给我带来稳定的收入；我没有后备计划，只有一点点积蓄。尽管如此，我还是给经理回了个电话，告诉他我要辞职，他说我做不到。但最终，我还是辞职了。

> 如果你对解决问题充满热情，你将学到完成工作任务所需的任何技能。
> ——奥尼耶卡·奥拜奥查（Onyeka Obiocha），耶鲁大学公共服务与社会正义中心创新思维主任

我找不到新工作（一份为了挣钱而出卖灵魂的工作）。现在，是时候让我的小小创意变成一家真正的

公司了。我必须将公司建起来，于是，这一天成了ECOBAGS公司真正开始创办的一天。

当人们问我怎样开始创业时，我总是快速回答："我刚开始的时候什么都没有，然后就做了点事情。"这听起来很大胆，因为我将自己归入了"白手起家神话"的类别。但这是个谎言，这不但不是我的真实想法，还会造成人们对创业家更大范围的误解。我这样回答，既是对自己不诚实，也是在误导别人。

你有些什么？有些东西与什么都没有

多年来，我对我所谓的"什么都没有"做了一番更为深入的研究，发现我确实是从"有些东西"开始起步创业的。当我把这些研究结果添加到和别人的谈话以及自己的公开演讲中时，关于我最初创业的故事才变得更有说服力了。如果我之前就更加深入地探究，并在我刚开始创业时列出一个表，那我在着手创业的时候会更加踏实。

“

什么都没有与有些东西。

”

如果你饿了，你又是个有创意的人，可以用手头拥有的任何食材做出一顿美味大餐。刚开始时，我知道我并不是拥有自己需要的一切东西。我没有很多存款，没有富有的亲戚，也没有用过别人的钱，所以，我必须有创意，并且去适应我手头拥有的东西。

我拥有的一样东西是场所，不过还得支付房租和照顾孩子。因此，我和丈夫找了一个愿意帮忙照看孩子的合租人，以降低租金支出。我们并不是特别想找一位合租人（要知道，这绝对不是一个年轻家庭的常态），但需要一个创造性的短期解决方案来支付房租和照顾孩子，因为我正在努力使公司运转起来。我们做了需要做的事情。

你的"什么都没有"其实是拥有一大堆东西

当你开始有些东西的时候，重要的是坦诚面对你拥有的、你没有的，以及你需要获得的。要正确看待你个人的"什么都没有"，拥抱你拥有的一切，不要低估或夸大它，这会让你更强大。

仔细看看你拥有的东西——不管是什么，它们都在你的工具箱里。它们是你开始创业时要用到的、要添加的和要改进的对象。如实地评估你拥有的，你便能更有效地得到你需要的。

> "
>
> 把一些东西累加起来……就足够了。
>
> "

盘点

盘点一下你现在拥有的、可以帮助你的小公司运转起来的东西。我建议你至少用两种方式来列举这份清单：

● 正常且舒服的方式——例如，把它写在纸上或笔记本电脑上。

● 不正常且不舒服的方式——例如，如果你是左撇子，你就用右手写字（反之亦然）。

后者是一种让你走出舒适区并进行创造性思考的简单方法。当你以一种新的或不同的方式做某件事时，你会慢下来，新的想法和洞见就冒出来了。如果你觉得这样做很可笑或者很愚蠢，那也照做就对了！

不论你怎么做，今天就把清单列出来，这会让你非常清楚地看到你现在拥有些什么。

以下是我开始创业时的清单，你可以用它作为指南来指导你列举你自己的清单。

家人： 丈夫和刚出生的儿子。

住房： 在纽约市有一套两居室的公寓，租金约占我们收入的1/2。

教育： 文理学士学位，主修戏剧，毕业于名校，但不是常春藤盟校。

朋友： 有几个一辈子的朋友，大多数打个电话就能约见。

家庭收入： 丈夫是一位从事自由职业的音乐家和教师。

健康保险： 自付。

技能： 表演和即兴表演、销售经验、写作（我

曾在纽约当地的报社从事过一些低薪的
文书工作）。

设备： 固定电话、传真机、苹果电脑和打印机
（那时还没有互联网，所以没有电子邮
件，没有谷歌，甚至没有手机）。

富有的父母或公婆： 没有。

信托基金： 开什么玩笑！

储蓄额： 很少的一点点。

信誉是否良好： 是。

信贷可得性： 有（使用信用卡）。

商业关系： 基本没有。父亲开了一间小的零售商
店，我小时候就在那里长大。有一些
朋友从事视频编辑工作，但我认为这
不适用于我的小公司。我的朋友都是
富有创意的人：演员和老师。不过我
觉得他们知道的并不比我多。

怎样才是足够?

在金钱面前,我们每个人的情况都千差万别:有的人有钱,有的人没钱,还有的人没有足够的钱。我们永远到不了足够有钱的地步。

我辞职的时候不知道但现在知道的是,你不能让金钱左右你。相反,你需要用钱来塑造你想要的东西。多年前,我的好朋友、大厨师彼得·伯利(Peter Berley)告诉我一个深刻的道理。他说:

钱是能量,是一种工具。

经过多年的努力,我终于找到了金钱所属的地方:我的工具箱。

不要以为一切都是为了钱,我们并不总是为了钱。小公司将钱理解为一种资产,一种积极而必要的工具。它是你工具箱里必不可少的东西,但不是唯一的驱动因子。在缺钱的情况下,你可以(也必须)成为一个超级富有创造力的问题解决者，把问题想象成你作为创业家的空白画布。

除非你能建立起一种健康的关系，知道多少钱对你的生活来说是足够的（也就是说，知道你需要多少钱来生活，相比之下，又想要多少钱来生活），否则就无法充分利用金钱的能量并有效地使用它。你需要知道你的金额，你的个人财务底线，以及你的小公司需要什么。

你的生活和工作最少需要多少钱？

你最少需要多少钱，才能够生活和工作，并且还能感受到一些乐趣？

我建议你将10%分配给储蓄（自由呼吸的空间），将另外10%分配给娱乐（自由生活的空间）。

"

你可以用很少的钱创造出一些有意义的东西。

"

你认识什么人？他们又认识些什么人？

你将在这本书中读到很多关于人际关系重要性的阐述。刚开始时，你可能认为自己是独立的，但实际上，你真的离不开别人。

无论你是想在当地社区开一家咖啡馆，还是为非营利性的捐赠活动收集网上购物信息而研发一款应用软件，你都是一个日益壮大的人类生态系统中的一员。这个生态系统中的人们明白，商业是思想的货币，是解决大问题的工具。你可以做好事，同时也做得很好，而且，你需要别人拥有的技能和服务。

研究你最喜欢的品牌。寻找那些似乎和你秉持相同价值观的人们。找到他们的发家故事，揭示他们"为什么"创业的真谛，看看他们是如何开始的，找出是什么激发了他们。确定什么是你想要保留的，什么是你不需要或不想要的。

这些公司背后的人是谁？他们做的事情与众不同，他们的决策不只是基于利润，而且他们明白，利润可以用来作为一种有益的力量。像ECOBAGS公司这样的企业，就是在这个十字路口应运而生并蓬勃发展的。

　　每个人都可以有所作为，我们一起创造影响。

——杰夫·基施纳（Jeff Kirschner），

社会企业家、文学家

　　30年前，我就像在真空中工作一样，连回收的复印纸和无毒油墨都很难找到，更不用说灵活的工作时间了。不过那是过去的事情了，现在，我拥有了一个赛斯·高汀所说的"部落"。

　　在这个部落中，有一群清醒而开明的商人，门口放着一张印有"欢迎"字样的垫子。这是一项不断发展的运动，人们相信，当潮水上涨时，所有的船都会随之上浮。这是一个协作与竞争的空间。这就是全球B型企业（B Corps，也称共益企业）的运动：将企业作为一种推动商业向善的力量。无论你是想发展并卖掉一家小公司，还是想用你的行动激励其他公司，都需要了解，你并不孤单，来加入我们吧。

　　永远不要怀疑一小群有思想、有决心的公民可以改变世界。事实上，这是必然的。

——玛格丽特·米德（Margaret Mead）

了解大致情况

　　你知道谁的公司和你想要创办的类似吗？如果你不认识这样的人，也许你所在城市的某个熟人或是网友有创业的经历。找出你最好奇的方面或者最想了解的东西，问问他们是否有时间和你见个面。

　　见面之后，你可以向他们提的问题有：

- 是什么鼓舞你开始创业的？
- 是什么激励着你？
- 你过去和现在的财务状况如何？
- 你现在的状况与你将来想要达到的状况分别是

怎样的？

- 你觉得你在按照自己的方式创业吗，如果按1~10分给自己评分，你给自己打几分？
- 你最大的障碍是什么？
- 你每周工作多少个小时？
- 成功对你来说意味着什么？

如果觉得向一位本地企业主直接提问看起来太过唐突，或者你无法引起他们的注意的话，那就找机会与商界人士见面。例如，和商业协会中的女性交谈，参加商会活动，或者加入当地的扶轮社①。带着倾听的目的，带着你可能（或不可能）与某人建立联系的可能性，去参加这些活动。

---

① 扶轮社是依照扶轮国际的规章成立的地区性社会团体，以增进职业交流及提供社会服务为宗旨；其特色是每个扶轮社的成员须从事不同的职业，并且在固定的时间及地点每周召开一次例行聚会。每个扶轮社都是独立运作的社团，但皆要向扶轮国际申请通过后才可成立，通常会以所在地的城市或地区名称作为社名。全球第一个扶轮社由保罗·哈里斯在1905年2月23日创立于美国伊利诺伊州芝加哥市。——译者注

拓展人脉 = 扩大你的人际关系网络并利用它

了解你进入的领域。无论你是想遵守规则还是希望自己制定规则，都需要倾听并学习商业语言。参加当地的聚会，和你不认识的人以及不认识你的人交谈，开心一点。

我去参加一个活动时，唯一真正的联系是我感到满意的联系。我永远不知道这种联系会如何发展，但迟早会发展。

——休·洛克（Hugh Locke），社会企业家，小农联盟 - 海地①的成员

适应令你不舒服的场面

第一次参加商业活动时，你可能会感到不舒服，觉得自己就像一个完全的局外人。你不是房间里唯一有

---

① 小农联盟 - 海地是一个致力于通过全新的重新造林模式为海地人提供生计、复兴海地的组织。——译者注

这种感觉的人，不要逃离，让自己留下，而且要保持一致，定期参加同一类型的会议。只要你亮相了，就开始把自己编织进你想成为其中一分子的社会组织中了。

如果你知道自己非常需要和房间里的某个人交谈，但你们还没有见过面，你可能会感到害怕或是兴奋，这总是一个选择。如果你怀揣着目的走进房间，并且想训练让自己保持清醒（像在念一条咒语），你会在那一刻好起来。在你走进房间之前，挺起你的胸膛，对自己说"我是英国女王"。这种做法是管用的，不仅因为它能给你力量，使你集中注意力来完成你的日程安排（比如，与某个重要的人见面交谈），还因为它能使事情变得轻松。

现在尝试一种不同的方法。不带任何目的和意图走进房间，你知道自己是一个有趣的人（足够有趣），你说的话会让另一个人产生共鸣，可以怎么做？问一个不同寻常的问题，或者像我的朋友德鲁（Drew）那样，找一个独自站着的人，走过去对他说："我谁也不认识。什么风把你吹来了？"

"我们就在壳里面蜷成一团看电影怎么样？"

你在走进房间时越是不带着目的和意图，就越会觉得舒服。

和陌生人一同走进房间的 5 个技巧

1. 确保自己不渴、不饿、不累（即保证你的身体没有任何问题）。
2. 选择念一条咒语或者唱一首歌，让你将自己完全忘掉。
3. 做几次深呼吸，然后走进房间。
4. 专注于倾听，而不是空谈。

5.保持好奇心。

你需要去参加这些聚会，以便学习，同时寻找可以交流思想的社区、寻找可以"着陆"的地方。一定要让自己和某个人至少进行第一次谈话，并且下次有可能的话要和两个人交谈。做好采用任何形式来谈论你的想法的准备。尽可能多地讨论你觉得舒服的事情，或者健谈一些，把内心的想法都说出来。同时要保持倾听并观察人们的反应，弄清楚他们是在和你探讨你的想法或你的能力，还是只是出于礼貌而和你交谈。

如果你担心有人会窃取你的创意，那就先笼统地谈谈，直到你能足够放心地分享更多细节为止。我的感觉是，无论如何，每个人在同一时间会有一些同样的想法——如果他们谙熟最新事态发展的话。

但是，并非人人都有兴趣或者创意来开始创业。为什么呢？因为并不是每个人都知道他们的工具箱里都有些什么可以用来创业。

第二部分

让你的创业理由说话

优先要紧事和专注于小的方式……

第三章 迈出小步

> **"**
>
> 我虽然觉得又冷又不舒服，但我还是走到街上和人们谈论我的想法。
>
> **"**

徒步旅行时，"一开始会很冷"这句话的字面意思是，刚开始时很冷，但由于你很快就会暖和起来，所以不必把所有衣服都穿上，这会让你感觉不舒服。一个新的概念可能给人们的感觉不太好，或者是人们还没有准备好，而判断它是否可行的最好方法就是着手去做，即使你觉得冷，也要迈出第一步。

在我不得不去找工作之前，我只有紧张的3个月时间来调研自己创办小公司的想法是否可行。因此，我在没有企业名称、没有商业计划，甚至没有要出售的产品的情况下迈出了第一步。虽然那时我并不知道，但我做的就是寻找像我这样的人。

我在寻找一种冲动。

我好奇是否还有别的人在出国旅行时会带着他们自己的购物袋到市场上购物。我想知道是不是只有我一个人注意到了塑料袋垃圾的堆积，在我看来，这些是不可接受的一次性塑料袋垃圾。我分享了自己对塑料袋污染问题的看法，并且提供了一种解决方案。

我带着仅有的几个样品出发，开始挨家挨户地敲门，与哥伦布大道上的店主交谈。我首先从向人们推销几个传统的、可膨胀的"网兜"式的手袋开始，就像几年前我在欧洲用的手袋那样。我注意到，当我在我家附近使用这些手袋时，人们会投来好奇的目光，偶尔还提一些问题，少数人还问我："我可以在哪里买到这样的手袋?"当几个店主下达了小额订单时，我觉得是时候采取下一个小步骤了：我需要生产产品，还要确定公司的名称。

通过命名来拥有它

回到餐桌上，因为很多伟大的创意都是在这里诞生的。

一天晚上，我抱着襁褓中的儿子吃晚饭时，问我的丈夫布莱克，我们该给这家新公司起个什么名。身为作曲家的他毫不犹豫地说出"ECOBAGS"。我们对公司名称的整个讨论就这样结束了，ECOBAGS公司随之诞生。

这是第一次在"BAGS"前面加上"ECO"的字样。如果我们当时就知道我们现在所知道的关于创建品牌、使用或不使用描述性词语以及在线搜索等方面的知识，我们这种简单的命名方法可能不会奏效。但是，至少我们有足够的知识，采用商标注册的方式来保护这个新生的小品牌。我的建议是，找一位知识产权（IP）商标律师来帮助你开始。第一次就把它做好，你的成本会更低一些，不要自己做，请相信我。

必须做的事情与乐意做的事情

对于任何一家新成立的公司来说，会有很多要兼顾的杂事，它们可能给你带来压力，你会感觉时间总是不够用。在我创办自己的公司的过程中，有一些不是那么小而且很重要的事情：

- 与律师交谈（然后聘请一位）。
- 找一位会计师。
- 选择一种法律结构（我们选择S型公司[①]）。
- 找到一家制造商。
- 给产品下订单。

[①] 在美国，S型公司常常被称为"内部拥有的公司"。这类公司通常没有上市发行股票进行融资，并且更趋向于合伙的形式，对小企业主更具吸引力。——译者注

哦，对了，我们还需要寻找更多的客户。

纷至沓来的工作落在我的办公桌上，我很快就被压得喘不过气来。迅速处理好每一件事情的紧迫性，比起满足我们不断增长的财务需求和家庭需求更重要。从那时起，我意识到对任务进行优先排序、把"必须做的事情"和"乐意做的事情"区分开来是多么重要。

如果不对这些事情进行区分，那么，创办自己的公司，尤其是在刚开始的时候，肯定让你感到不知道该从什么地方开始。这不是小公司的创业方式。

我每天都会审视我的优先事项，首先处理好"必须做的事情"，把"乐意做的事情"先放在一边。当然，如果"乐意做的事情"堆得太多，以至于开始妨碍"必须做的事情"时，你也会感到不舒服。

"

你可以强迫自己完成那些'必须做的事情'，

或者也可以把它们抛开。如果某件事真的很重要，

请放心，它会再次出现的。

"

必须做的事情，乐意做的事情。

　　我们大多数人都有一种倾向，想要取悦别人，说
"是"的时候比说"不"的时候更多。我们担心，如果
自己对遇到的每件事都不做出回应，可能会错过一些重

要的机会或信息。那些未回复的邮件潜伏在我们的收件箱里，分散了我们对真正重要事情的注意力。我们必须以这样或那样的方式处理它们（也就是说，要么回复它们，要么删除它们），以免它们分散了我们的注意力。我们需要有意识地专注于必须优先处理的要事（还记得有意识地选择限制吗？）。

当你带着目标和意图朝一个方向出发时，机会往往随着你的行动而出现，像魔法一样。

刚刚好与完美

为了找一家制造商，我天真地给我能想到的每一家欧洲国家领事馆都发去了传真，领事馆的人好心地将我的问询转达给了对路的人。德国人几乎是立刻给出了价格和样品，西班牙人在几个月后做出了回应，意大利人在两年后做出了回应，法国人则一直没有回应。德国的产品和法国的产品一样，只是风格没那么鲜明，这启发了我。这已经足够让我们开始创业了。

我订购了少量的存货，并把我家的走廊变成了一个仓储和配送中心。

> "
>
> **足够好就是很好的开始。**
>
> "

现在，我有了足够的产品来满足当地店主的小订单，开始密切注意接下来会发生什么。我不记得我们是怎么知道"世界地球日"①的，但我们确实知道了。在1990年举行的第二个"世界地球日"（首个世界地球日在1970年发起），组织者举办了大型的街头集市，沿着市中心的第六大道举行庆祝活动。我的直觉是，我们得参加这些活动。我要做的就是提交一份申请，获得一份

---

① 世界地球日（Earth Day）即每年的4月22日，是一个专为世界环境保护而设立的节日，旨在提高民众对于现有环境问题的意识，并动员民众参与到环保运动中，通过绿色低碳生活，改善地球的整体环境状况。——译者注

供应商许可证，然后支付一小笔费用。

我确定，"世界地球日"将是对我们品牌的真正考验：在一项致力于保护地球免受污染的活动中，我们在一张桌子上摆满了要出售的环保手袋。我们从海外空运来一份订单的环保手袋产品，猜测着这次活动将售出多少只手袋。我们十分谨慎（我们知道，如果"世界地球日"的活动不成功，那卖不完的手袋，我们又不能自己吃了），但依然保持乐观。我们在这次活动中做了一回领头羊（但是会保持适度的控制）。

不到4个小时，我们就卖光了所有的环保手袋，收获了几千美元现金。我的丈夫、父母和我都聚在那张桌子后面讨论是什么激发了我们创办这家公司，然后又不费力气地销售了产品！"世界地球日"的活动，揭示了我们想要触及的精髓。

"世界地球日"活动的成功举办，让《纽约日报》（Newsday）在一篇长文中提到了我们。我们第一次品尝了受到媒体关注的滋味，邮购订单开始蜂拥而至（那是1990年）。幸运的是，我们有足够长的走廊来存放和分发订单。公司的存货成了我们新的"室友"!

我们通过几个街区之外的美国邮局来发货,这里的邮政工人只出售小邮票和捆扎包裹的绳子。想象一下,我要推着一个婴儿车,把孩子放在里面,在邮局等一个小时才能拿到100多个包裹上的邮票,然后不得不用舌头去舔每一枚邮票,将其贴在每个包裹上。这个场景非常枯燥,我甚至开始怀疑人生。幸运的是,我有一个"同伙"——我儿子。

与每个人随时随地分享你的故事

一天,我和丈夫布莱克到我们当地的天然产品商店购物,布莱克和一个正从卡车上往商店卸货的司机聊了起来,把我们的生意介绍给他听,于是司机又把我们的故事告诉了总部的人。后来我们才知道,这位司机与当时东海岸最大的天然产品分销商斯托米尔斯合作(后来,这家公司成为联合天然食品公司的一部分)。结果,斯托米尔斯对我们的产品很感兴趣!几个月之内,我们接到的订单就增加了10倍。我们挖到了宝藏!找准了自己的利基市场之后，我们通过配送系统为不断增长的天然产品行业提供产品。

　　我们继续向消费者直接销售，但决定侧重于批发业务，因为这与我们家庭的小公司的时间价值相一致。经营批发业务，假如在典型的朝九晚五的工作日，我们就可以灵活管理办公时间。我们有意识地限制了我们的散客业务，这使我们能够自由地与重复下达订单的买家建立良好关系。

> **练习**
>
> ## 练习就要认真练
>
> 　　当你试图做太多的事情时，改变就会很困难。相反，要少做一些事情。这里有一个小练习，可以帮助你看清你的小步骤怎样改变你的大脑，改变你的思维方式，改变你在这个世界上的存在方式。试一试吧。

每天设置20分钟的计时器，持续30天。选择一项你通常不会去做的事情（比如写诗、演奏乐器、用黏土做东西、画画或者冥想），在那20分钟内有意识地集中精力去做。不论你在这个过程中处于什么地点，都要在同一时间开始，并且在计时器停止时结束。注意在这30天里你对这项活动的理解是如何变化的，以及你怎样将这些洞见应用到生活中的其他方面。

小公司的二八定律 ①

坦率地讲，从梦想阶段迅速过渡到创业的现实阶

① 二八定律又名80/20定律、帕累托法则，被广泛应用于社会学及企业管理学等领域。该定律是19世纪末20世纪初意大利经济学家帕累托发现的。他认为，在任何一组事物中，最重要的只占其中一小部分，约20%，其余80%尽管是多数，却是次要的，因此称作二八定律。——译者注

段，是令人兴奋的、具有颠覆性和挑战性的。我的谋生的目标以及做些有意义的事情的目标正在实现。不过，我的第三个目标和驱使我的动机是让工作为我服务，而不是让自己被工作消耗，但这个目标并没有自然而然地实现。在时间开始掌控我之前，我必须弄清楚如何管理我的时间。

一种方法是把开始和结束的时间安排在我的日程表中，推行"刚刚好"和"足够好"。比如，如果我上午留出1小时来完成工作任务，我会从10点开始到11点结束，把没有完成的任务放到第二天去做，而不管它是什么。我能够以始终如一的注意力逐步解决问题。正是这个时候，我开始了解什么时候该放手以及对什么放手。为此，我制定了一个二八定律，还曾天真地以为我是这条定律的原创者……事实上我不是。

帕累托法则指出，80%的结果来自20%的努力，这是商界公认的原则。在小公司中，二八定律还有另外一层含义：考虑到对于80%的结果，我们至少需要允许自己在20%的时间内摔倒、失败并且重新启动。每天的优先事项好比一个移动的靶子，你的核心（也许就是你的立场）也会受到挑战，但不应当每天都变。

在20%的时间里弱化你的关注焦点

制定规则，然后又不得不打破规则（我们知道，这经常会发生），会导致一种挫败感，一种自己不够好的感觉。我的初衷在胡思乱想中迷失了。

通过设置二八定律，你允许自己在20%的时间里打破规则。这里的关键是，我们不可能控制一切，同时，事事追求完美也不是好的策略。

> "
>
> 没有什么是毫无风险的……
>
> "

不要追求100%的专注，而是用80%的时间专注于任务，用20%的时间来放松。这样的话，你就不会浪费时间来生自己的气，认为自己是个失败者。

所谓弱化关注焦点，就是你在不打算立即解决问题的时候做的事情。在这个时候，你要深呼吸，走一走，创造获得新的洞见的空间。在这个时候，你要端杯水来喝几口（接下来我将更多地阐述这个问题），它提供了空间让你的大脑自己建立联系。

尽你所能做到最好。当时，并不是每个人都同意我的看法，但是，嘿，他们周末休息吗？

端杯水来

当我的孩子从自行车上摔下来擦伤膝盖，或者因为刚刚发生的任何意外而尖叫着跑进屋时，我会立刻给他们端杯水喝。从架子上端杯水，先让他们喝一口水，然后再问他们发生了什么事，这一系列的动作为他们腾出了空间，使他们更平静、更专注。同样的策略也适用于企业。大多数企业面临的紧急情况并不会危及生命，所以，花一分钟时间重新集中注意力是件很好的事情。

遇到需要你立即注意的情况时（可能是客户、员工或现金流问题），必须确定这是不是紧急情况。我是否必须停止正在做的事情来解决这个问题？如果我不这么做，一切会崩溃吗？我可以把它先放在"停车场"，以后再处理吗？

当一家公司陷入困境时会遇到的事情，可能令你感到惊讶。比如，如果你制作的有机洗发露配方中含有某种特定的成分，这种成分突然之间变得不可用了，而一种类似的非有机成分则以较低的成本出现在市场上，你恰好又有待处理的订单，该怎么办？又比如，如果你给员工的承诺是放假4天，而一份报酬不菲的紧急订单出现了，会影响到你对员工的假期承诺，你又会怎么做？这些挑战只能通过定期回顾你宣称的小公司的价值观来解决，以便做出与这些价值观一致的决策。

我起初想要优先满足的一系列愿望，其实相互冲突：我需要有时间与家人共处，同时创办一家公司，要使该公司的业务性质让我能腾出时间和家人在一起。我当时还不知道需要多少技能才能管理好公司，得到我想要的结果。我没有完全理解一家新公司的力量，也没有完全了解引导和驾驭新公司所需的能力。这需要真正地严守戒律，并且也要让自己能在艰难的情况中放松一下。

在商海中打拼，你要想能够迅速地转向，处事敏捷很重要。如果机会来了，你的快速反应能力非常重要。要做到这一点，你得练习从"为什么"的角度看待所有的选择。

不要让生意变得忙乱

我不得不承认，我有时候是一个神经过敏的人，在许多人都不认同我心中的危机感时，我却从四面八方调集我的团队，立即解决问题。我要做的是退后一步，从小公司要优先处理的事情的角度来看待正在发生的事情。毕竟，生意可能变得一片忙乱。如果你急于解决某个问题，可能拿不出最好的解决方案，那么，你也许因此会错过一个用最优解决方案去解决问题的黄金机会。

相反，我的建议是花时间对照你的意图充分思考那个问题。你要评估和响应，而不是匆匆忙忙应对并在过后对自己的决定感到后悔。在着手解决之前，考虑一下你正在使用的语言。如果你把"问题"或"挑战"换成"机会"，自然就会有更大的机会来获得高见。

以下是我的小公司在问题（也称为机会）出现时审视它们的一系列方法。

1. 去端杯水来。

2. 把问题重新定义为机会。

3. 想清楚这个"机会"该归入哪个类别。所有的"机会"都会归入下面三个类别中的一类，处理每一个类别的方式为：

（1）我以前见过。我知道我能做什么。我有一些选择，它们是X、Y和Z。

（2）我以前见过一些，但不是全部。这是一份列举了它与我之前见过的相同之处和不同之处的列表。我可能需要帮助。

（3）我完全没见过，傻眼了。我甚至不知道先给谁打电话，到底是我的会计、律师、教练还是助理。我得把这个"机会"分解开来，看看是不是有些什么可以甄别出来。让我通过打电话来解决这个问题。和别人的一次谈话，可能会激发你的洞察力。

4. 根据你的小公司优先处理的要事来采取行动，即使这意味着失去眼前的生意。对于那些与你的优先事项相一致的可能的替代方案，要留出空间。

"

不要乱了方寸，要循序渐进。

"

我在这里提供的大智慧是，在你着手解决问题之前，先端杯水来喝，花点时间重新关注你的优先事项，将问题分解，免得你最终崩溃！

第四章　倾听你内心发出的小小声音

> **"**
>
> 我不能说我一开始就是一个完美的小公司创业家。
>
> **"**

　　不过我可以说，随着时间的推移，我变得更加专注于实践，分享的建议将为你节省时间和金钱。

　　你开始创办公司时，是在进入一个市场。你要倾听你内心深处的创业理由，以便选择前进的道路。从一开始，我就对自己为什么要做正在做的事情产生了强大的信念。我以前做过演员，接受过倾听他人的训练。

怀着怜悯和同情/认真倾听/就是我们需要做的。

——小公司语录

两年后，人们依然对环保手袋充满好奇。我们的产品和概念还相对较新，引发了人们的讨论。我们受到一小群人的欢迎，这些人和我们一样，对"一次清理一个塑料袋，让地球清洁起来"的理念充满热情，他们也想分享我们的理念！就是在那时，我懂得了拥有一个好故事、倾听它在哪里以及怎样落实到具体的工作和生活中的价值。

"

一个好的故事就是向人们发出相互联系的邀请。

"

对我们来说，这是一个让志同道合的人走到一起，共同创建一个品牌，发起一场运动的机会。我们虽小，但影响很大。

我学到的是，产品不是关键，平台和信使才是关键。

故事，就是平台和信使。

早期的采用者将我们的故事当作他们自己的故事来分享和接纳，他们走得比我们当初更远。他们告诉我们，这不仅仅是一种实用的产品，还是一个鼓舞人心的品牌。我们使用了一种生活方式的附属品来引发一场对话，激发并推动了文化的转变。我们通过倾听我们内心发出的对自己的创业理由充满激情的认同的小小声音做到这一点，同时，也通过倾听客户在我们的产品中体验到的我们创业的理由所包含的强大力量而做到这一点。

你的故事不错，讲出来，听一听人们的反馈。

在OPM中思考你自己的故事

你比其他任何人都更了解自己的品牌，但是，你可能不是特别善于沟通的人，或者也没有聘请营销团队的预算。这里有一个不会让你感到精疲力竭的开放思维的练习。本来，OPM是"别人的钱"的首字母缩写，但在这个练习中，它的意思是"别人的营销"。

把这个练习看作一种捷径，它很像那些疯狂填词（Mad Libs）书，在其中填上空白，在现有故事上进行你自己的调整。找到你喜欢的品牌，研究它们的营销方式和广告。从杂志上或者网上找出广告——只要你能找到对你有意义的东西，就别在乎是从哪里找来的。试试那些更大更知名的品牌。分析他们的故事、他们怎样讲故事、讲给谁听，以及他们如何定位自己。把你的品牌（也就是你的广告图片和文字）插入你喜欢的这个品牌的营销广告之中。首先从他们的角度出发，然后再形成你自己的观点。我保证，你将发现新的创意和方法。

关键不是直接抄袭别人的作品，而是要充分利用那些巧妙搭建的平台，它们的营销会让你备受鼓舞。这是激发灵感的简单方法。有时我的想法与我研究的品牌相反，有时又十分接近，关键是要吸收相关的信息，摆脱不相关的信息。

这对你自己的品牌塑造也是一次很好的练习——你是自己创办的公司的领导者。研究杂志上的商界领袖的简介，看看人们怎么描述你崇拜的领导者，然后想一想别人可能会怎样描述你。关于你自己，你能说些什么呢？记住，这不是吹嘘，而是建立你的沟通工具包，以便你随时可以用得上。

对于小公司，我们的心态是可持续增长，专注于你最初开始创业的理由，培养耐心，始终如一并且坚持你的立场。这关乎如何利用"你得到了什么"的同时保持"你是谁"的本质，具体包括拓展精心策划的营销、倾听和有意的联系。

精心策划的营销

你可以用营销来避免混乱。你需要确定将最大的努力放在哪个方面才能得到最好的结果，而且，你必须能够测量这些结果。记住，你不可能什么都做。

作为小公司，与众不同之处在于你能够清晰阐述公司的意图、你的创业历程，以及你怎样讲述自己的故事来鼓舞他人。重点关注你能为他人带来什么价值，也就发出了互动的邀请。这里有两种低成本的方法来推介你的创业理由：

1.赢得一个奖项。

2.获得媒体/有影响力的人的注意。

奖项是唾手可得的

我发现，即使没有获奖，回报也很高。这一切都是为了提升你的形象和积聚前进的动力。你获得的奖项越多，被人们看到的就越多；被人们看到的越多，得到的就越多。

寻找相关的奖项。找寻那些能给你带来良好投资回报的奖项，也就是你希望从中获得回报的奖项。你可以从当地的商会或商业媒体入手，他们都会利用颁奖典礼将商界人士聚集在自己周围，并且宣传自身。这是一个双赢的局面：你想被人们看到，他们也想被人们看到。

我的市场总监（我姐姐）推荐我参加了韦斯特切斯特商业委员会的年度企业家奖的评选，我最终获得了这个奖！我还在一份本地的新闻出版物上被提名参评"商业多元化女性奖"。一个月后，我接到一个电话，说我获得了两个类别奖项的提名，一开始我受宠若惊，直到我想起来是我自己给自己提名的，哈哈！

以这种方式在媒体上亮相是件很棒的事情。这份新闻出版物介绍了每一位被提名者的情况，包括完整的个人简介和一篇多样性的短文。该出版物已经拥有了成千上万的订阅者。要求读者投票的请求，至少在三期刊物上登载了，每次都刊发了所有被提名者的照片（在新闻中更多地亮相）。另外，我还通过跟我的商业伙伴分享这一提名来扩大覆盖面。他们不知道我提名了自己。

最终我没有获得大奖，但是，和其他所有被提名者一样，奖项的主办方邀请我参加颁奖典礼，以获得鼓励。我走进接待处，看到我认识的人，他们又把我介绍给他们认识的人。我花了3个小时提交了一份简单的报告，但我在媒体和私人那里得到了十几个接触点[①]：

- 商业媒体投放6次（颁奖之前和之后）。
- 1次活动安排。
- 活动中有1次同行认可。
- 活动中有1次同行联系。
- 2张带有姓名标签的活动合影。
- 1份博客帖子。
- 1张社会媒体海报。
- 2次与潜在客户的关系互动。

---

① 接触点是一个分布点，可以是个人或企业。

这是一种非常有效的媒介宣传推介方式。

获得媒体关注比你想象的要容易

作为一家小公司，你已经仔细地阐述了你"为什么"创业（也就是那些对你本人、你的公司以及整个世界都很重要的事情），并把它们编织进了你的品牌故事中。你拥有一些有价值的东西，正好也有媒体需要的东西：一个有视角的故事和一个卖点。

在媒体上亮相，并不总是立刻与交易业务挂钩，但确实能使你树立思想领袖的形象，从而建立更多更牢固的关系，进而带来更多机会。

但是，在媒体上亮相，不只是关于你和你的故事，最终，你要为媒体和他们的受众增加价值。出于这个原因，你必须仔细研究适合你的销售渠道。这可不像把意大利面扔到墙上看哪些能黏住那么简单，而是需要用你那小小的激光聚焦来与志同道合者的社群取得联系，并且分享你正在创造的价值。

最近，一位职业撰稿人联系我为《公司》（*Inc.*）

杂志写一则故事。这位撰稿人从她7年前为我做的《时代》杂志人物特写中发现，我是一个很好的案例。我们多年来一直保持联系，她最初之所以找我，是因为一个主流电视节目介绍了我们的品牌（下一章将会讲述这方面的更多内容）。这是一种保持了10多年的联系。例子还有很多。

实践表明，要有组织地建立和保持你的营销品牌资产（关于你和你的公司的一切），使之随时能派上用场。下面要说的是你需要准备的东西的初始列表，所有的资产都应采用可编辑的形式或者多种形式，以便你能轻松地定制或者在附件中发送这些资产的信息。

品牌资产要始终掌握在你手中

- 在领英（LinkedIn）网站上拥有完整的个人资料。
- 用两句话来概括你自己和你的公司。
- 简短的自我介绍：200~300个字。
- 详细的自我介绍：500个字。
- 专业的高分辨率和低分辨率的头像。

- 能以高分辨率和低分辨率格式发布到公共关系场合和媒体的替代图像。
- 所有的社交媒体网站都要发布。
- 你和你的公司所获奖项和表彰的完整列表。
- 品牌指南。

积极参与捐赠（提升知名度和美誉度）

有人邀请我为各种不同规模的组织捐献产品，也可以捐献自己的时间。当你个人向组织捐款捐物时，那是因为它让你感觉良好；当你以小公司的名义捐赠时，你的感觉也会很好，而且，捐赠提供了多种方式来建立互利互惠的关系。

对于大多数组织来说，有一件事是真的：他们渴望资金，并且乐于免费获得任何他们可以得到的东西。这些组织可以使其支持者增加知名度和美誉度。但是，要让这一点在你的小公司中发挥作用，你必须赋予你捐赠的东西真正的货币价值。要为了提升知名度和美誉度而去与对方谈判，而不是付出所有却一无所获。

在考虑捐款或赞助时，需要注意的事情有：

- 对你的商品或服务进行市场价值评估。
- 围绕全部或部分价值的交换进行谈判（例如，活动的门票、节目中的广告、使用他们的电子邮件营销列表等）。
- 收到一份来自美国国税局的写明捐款捐物价值的捐款信。
- 确保知名度和美誉度：
    —活动网站上的网站链接和徽标。
    —活动过程中的徽标和软文。
    —在活动中尽力宣传自己。
    —放置在促销物品上的徽标。
    —与促销物品一起分发的品牌文字。
    —社会媒体提及率（提及你和你的组织）。
- 在打印之前，批准所有文本和品牌/徽标的使用。
- 为你的文件获取样本资产（例如，节目和你的品牌出现的其他地方）。

倾听联系者的意见

让我们稍稍多花点时间来讨论一下联系。

作为一位新的企业主，你已经加入一个生态系统。现在，你与客户、供应商以及可能涉及的分包商（如技术支持、平面设计、法律和会计等方面的分包商）建立了联系。即使你目前还不需要与银行和金融机构建立联系（例如，用于贷款和获取信用额度等），很快也会需要了。对于你在工作中遇到的每个人来说：

> "
>
> **为了做生意，你需要他们，他们也需要你。**
>
> "

这并不总是一个公平竞争的领域（人们的需要各不相同），但它是一个相互联系的商品和服务的体系。

创建了ECOBAGS公司之后，我们知道，尽管我们的公司很小，但遇到了品牌塑造与规模发展的大好机遇。我们的资源有限，家里还有小孩要照顾，因此，下一步是考虑清楚怎样以更高的效率和更快的速度联系我们的社群。

"

我们需要留下我们的印记。

"

首先，我请一位朋友把我们的商标从"只有文字"改为徽标样式。然后，我们把新的样式的商标印到每个手袋上的永久性布料标签上。这个简单的决策，简直是一个不可思议的倍增器——我们迄今为止最简单、最有效的营销。这个小小的缝合标识，将我们的故事传播到世界各地，使我们与新老客户联系起来。小小的标识，意义却极其重大。

品牌徽标的发展

换个角度思考问题

我们刚一推出"ECOBAGS"这个商标，便立即获得了助推公司腾飞的强大推力，销售额随即飙升。但对于我们的产品来说，更大的市场仍然非常低迷（也就是销量不大），我们知道增长的潜力巨大。最初的销售是"吸引式"销售，好比"把公司建起来，客户就会来"，但是，我们与这些客户的"蜜月期"已过，现在必须出去寻找更多买家，建立更多联系，并且将更多的"点"连成"线"。我不熟悉"促进式"销售，也不想用这种方式做生意，于是我迷茫了。

在营销方面，我有一个引人注目的故事，赢得了早期采用者的喜爱；在运营方面，我设计和制作了精美的商品。但是，收银机需要更频繁地响铃，是时候让这家小公司加快步伐，获得发展动力了。

这种发展需要的东西太多了，多到让人应接不暇。我经历了考验，几次想退出公司，甚至还做了一份兼职……短暂的，不过最后我还是辞去了这份兼职工作！短暂地休整后，我恢复了精神，继续工作。毕竟，万事没有速成的。

"

创造价值是要花时间的。

"

我在生活中追求的每一次转变，都花了我18个月的时间，而且目标明确。

——德鲁·雷曼（Drew Lehman），
环境与职场创业家

我不是广泛地进入未知的领域，而是选择深入几个某种程度上已知的领域。我朝着我们的品牌已经获得喜爱的方向前进。我选择了在天然产品贸易展上销售环保手袋，因为我已经借助我们的批发商进入了展会。

不知道潜在的回报范围时，你怎么来测量投资回报呢？我不得不回到我确立的一些规则上。我花了些时间将贸易展的机会进行分解，如实地审视了我所有的资源、资金和存货。就在我准备发放支票时，我想到了一个保留现金、扩大品牌，还能支付我们的展位费用的主意。

我联系了展会办公室，提出以全价易货的定制印刷手袋来参加展示促销活动，以换取展位。这在当时是一个新的创意，如今已成为一种固定的收入来源。贸易展举办方同意了，于是我开始了我的首次贸易展之旅。

> **"**
>
> 作为一家处在起步阶段或者正处于发展阶段的小公司，
>
> 永远不要低估寻找或寻求知名度和美誉度的价值。
>
> **"**

换个角度思考

大多数会展都有赞助，你可以用实物进行赞助或交易。再说一次，要充分利用你的全部市场价值，为你的企业带来最大利益。你必须是为了进入会展做展示的价值进行交易，这可以大幅度节约成本，而在提升知名度和美誉度上也大有好处。

进入贸易展和行业会议不仅是销售产品，还涉及在活动上加入某个社群，多年以后，这样的社群会变得像家庭聚会那般融洽。我们很快就理解了有可能与零售商及市场营销人员做生意，我们也弄明白了这两种类型的关系如何发展为成百上千的接触点。

接触点可以是分散的平台、商品或创意、公司或者有影响力的人。每个接触点都很重要。就像我们的小标签产品是品牌的接触点一样，我们与之建立对话的每个人都是他们社群的接触点。

> **"**
>
> **我们是由人组成的社群，而不仅仅是消费者。**
>
> **"**

贸易展和大会是你倾听、学习和被人倾听的地方。在那里，你可以与他人建立商业联系，还可以拓展你的业务关系。对我来说，"社交"这个词总带有一种消极、强迫的意味，但是将注意力转移到倾听和学习上，我就能更加全面地扩展我的社交网络。

同样重要的是，有时候，再没有什么别的地方比家里更适合建立关系、培养粉丝和传播影响力了。多年来，我一直在自己的朋友圈外寻找具有影响力的人，直到我清醒过后才发现，我得花时间和朋友以及朋友的朋友交往。你的接触点越多，创意就可以传播得越广，以便吸引生意。

倾听反对者的意见

并非每个和我们有联系的人都将成为我们部落的直接成员。你可以把反对者发出的声音当成背景音，但如果这么做，可能会错过那些能给你带来竞争优势的深刻洞见。记住，反对你的人也是商业生态系统的一部分。你可能还没有准备好接受他们的反对意见，或者，他们还没有准备好接受你的产品或服务，但趋势总是变化的。

对小公司有帮助的做法是密切倾听我们自己的粉丝群的发声，了解他们的想法，而不是被反对者分散了注意力。与此同时，竞争也日趋激烈，一场热闹的运动（绿色运动）正在形成，而我们从严格意义上来说，是这场运动的一个附属品。

通过与反对者接触并倾听他们的意见，我认识到，这种做法并不总是关乎品牌或创意，还关乎我们如何轻松地融入某个类别，并且为成功做好准备。例如，我主要把产品卖给那些独立的买家。反对者则向我介绍了更复杂的经纪商－代理商－分销商的世界，其中包含业务佣金和增长折扣。

对那些由于我的品牌对他们毫无价值而从我身旁飘过的人来说，我的产品并不符合他们的需要，也不符合他们此刻的工作方式。我的工作不是向他们推销，那将耗费我太多的时间和精力。

相反，我的工作是和他们交谈，让他们更多地告诉我，他们需要什么、为什么需要、认识些什么人。也许他们会在某一刻改变主意，但我不做这样的指望。即使他们绝不会购买我的产品，我和他们只是出去喝几杯啤酒，我也知道，我和他们之间当前的这种关系总有一天会以某种方式结束。

尝试去倾听你内心的声音

在小公司，你要通过一而再、再而三地基于你的意图做出决策，以此来练习信任。

当机会来敲门时，你是决定把大门敞开、稍稍打开一点点，还是干脆不打开。就像一棵定期修剪的盆栽，要想确定它的大小和形状，你得有选择地围绕你想要怎样和不想要怎样、需要什么和不需要什么来进行修剪。

当你耐心倾听你内心发出的那个小小声音，并且允许它对你讲话时，你就是在照顾你自己。这应当是你最重要的任务，只有这样，你才能照顾好自己的事业。请相信，你正在创造出的能量和兴奋感，其他人会感觉到并且分享给别人。

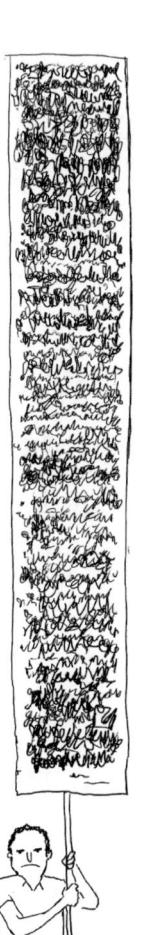

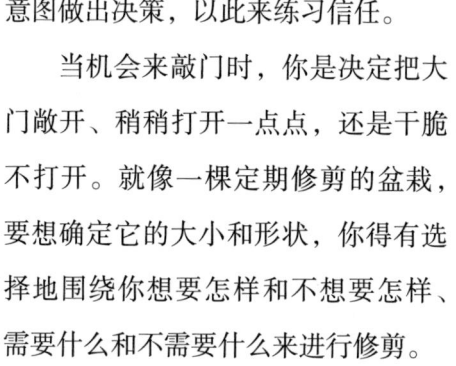

你不可能代表一切

第三部分

反复练习如何创业

一遍、一遍，又一遍……

第五章　做好腾飞的准备

> "
>
> 我没看过《奥普拉脱口秀》。
>
> "

　　21世纪头10年，奥普拉·温弗瑞（Oprah Winfrey）是美国甚至全世界最著名的脱口秀节目主持人，但我就是没有关注过她。不过我发现，许多女性会停下手头的所有事情来关注她，其中就有我的好朋友和邻居阿普里勒，还有我的婆婆艾尔斯。我的邻居几乎每天都会向我转述节目中的故事。

　　事实上，我能准确地说出我的品牌ECOBAGS是什么时候出现在奥普拉的节目上的，那是 2006 年。那一年，美国前副总统阿尔·戈尔（Al Gore）在国家层面上谈论气候变化；不含激素的牛奶、天然食品市场、全食食品超市，以及所有有机的东西都受到大众的追捧；而我首创的可循环使用手袋的概念，在小众群体中颇受欢迎。我相信奥普拉一定是我进入公众视野的门票，她有大量把她当作神一样来崇拜、倾听的忠实观众。

我知道，接近奥普拉并不容易，但是，由于我并不崇拜她，所以我认为我们之间的距离是可以克服的。我要做的就是找到合适的人，这是我第一次懂得利用我建立的人际关系的力量。

同时，这也是我 15 年来首次向公共关系部门的人寻求帮助。以前，我做任何事情都是靠自己，自己上美国最大的电视购物公司 QVC 销售，自己登上《纽约邮报》，甚至在更多的其他媒体上亮相，因为我觉得花钱请人做宣传太贵了。我独立自主，斗志旺盛……直到今天，我需要联系上奥普拉。

我只认识一个从事公关工作的人——来自一家名为"交换机代理"的本地公司的南希·申克尔（Nancy Shenker）。我之所以认识她，是因为在一次本地的女性商界人物会议上，我坐在她旁边，她把名片就放在桌子上。我给南希打了个电话，重新做了自我介绍，说我想让我的品牌登上奥普拉的节目。这是一个大胆的举动，我之前没有考虑过，也没想过要花多少钱、要做多大。

值得赞扬的是，南希没有嘲笑我，也没有劝阻我。她只是说，这是一个机会，但要很长时间才能做到，不过她会尽力去办。于是我和她签约了，我接受了她的条件和每月 4 000 美元的费用，为期 4 个月，并开始与她的团队见面。

请记住，对于一家总收入只有 70 万美元的小公司来说，1.6 万美元是一笔不小的支出，意味着我对这次活动信心满满、志在必得。我好像是用我非常多的百分之百现金预付信用卡中的某一张来支付的这笔费用。

此外，4 个月的时间十分紧凑，但这个风险我愿意承担。那是2007年1月，我知道，4月份的时候，奥普拉将会首次做一期"世界地球日"的脱口秀节目，来配合一年一度的地球日活动（和我们17年前推出的一样）。因此，4月份成了我们重点关注的月份。

奥普拉效应

南希激活了她的人际关系网，找到了红公关公司（PR Red）的安-玛丽·尼维斯（Ann-Marie Nieves），后者在奥普拉的节目中有一个可以搭得上线的联系人，而且"懂"我们的意思。我们一切准备就绪，等待着机会的到来。我们把我们的故事准备好了，还将仓库备满了环保手袋，但公司的办公室里只有我们两个人、一部电话、一台传真机，以及我们刚刚集成的可扩展的全新云平台。我们尽力做好了准备，不过还是不知道需要做好多么充足的准备。

4月初，我们得到一个"可能上节目"的回复，然后，节目制作人在节目开始前72小时打电话向我们索要样品。我们使用了最快的联邦快递服务来寄送产品，并且继续等待。即使收到寄送产品的邀请，还是无法确定我们能不能上节目，但我们离成功越来越近了。之后，我们接到了"确定上节目"的电话。就这样，我们的环保手袋将在30小时后出现在数百万观众面前！

我妈妈来到我家，邻居也来了。我不记得我丈夫是否在房间里，他可能在上班。我们打开电视，果然在面向全美国观众播出的《奥普拉脱口秀》上看到了我的品牌。奥普拉和她的嘉宾、来自"抱树人"组织①（TreeHugger）的环保人士希姆兰·塞蒂（Simran Sethi）讨论了"生产和使用绿色环保产品"的种种方式，并指出我们的可循环使用的手袋是一项有影响力的行动。

在那短短几秒钟里，奥普拉改变了我的事业轨迹，改变了绿色产品的种类，改变了数百万观众对我们可以做些什么来清洁地球的看法。她把这个小公司送

---

① 抱树人（TreeHugger）是一个致力于宣传环保事业的媒体机构。——译者注

到了广阔无垠的未知世界，我们亲身体验了"奥普拉效应"。

但要小心你所要求的……

电话开始响个不停，人们都说："我想要保护环境。"几个月来，我们接到的订单几乎从未间断过。一年后，同样的节目再次上演，订单又如潮水般涌来。值得庆幸的是，我们那个集成的、可扩展的、基于云的系统运行得很好，但必须要有一间更大的办公室，并且立即增加电话机和员工的数量。

我们公司的产值一年内从70万美元增长到220万美元，从1间两个人的办公室增加到5间，而且还在增加。我们还有长达3个月的过期未交货的订单，我们被这么多的订单"淹没"了，但仍然耐心地与所有新客户沟通，设定交货的日期，并且欢迎他们加入我们的保护环境的队伍，就像他们是晚宴客人一样。亮相《奥普拉脱口秀》之前和之后疯狂的几个月里，我们还是维持正常的工作时间，我每天都挤出时间去游泳。

我个人的看法是："我们没有焦头烂额，ECOBAGS公司没有出现十万火急的现象。"

除了销量的增长以外，如今，我们从自身的利基市场一跃成为一个广受欢迎的绿色产品类别。奥普拉为数百万人提供了接触点，激励他们将周边的环境视为值得尊重和保护的东西。由于她提到了我们的品牌，所以我们才有了宏大的想法！一夜之间，我们从一家羽翼未丰的公司变成一家快速增长的公司。

"

但是，商人也在看。

"

他们总是在看。他们看着小公司发展各种创意，然后获得很好的融资，开始进行生产和品牌建设，以满足主流需求，尽可能迅速地利用那些创意来赢利。不仅如此，有迹象表明，我们将进入经济衰退，萧条即将来临。

> **"**
>
> 压力就是你不知道自己不知道什么，但你知道
> 自己需要知道更多。
>
> **"**

我们是倡导新理念的先驱，但这已经不再重要了，我们必须快速行动。我不得不想清楚如何管理快速增长，正是在这个时候，真正的压力来了。我不知道的是，关于发展和建设一家更大的公司，我还有什么不明白但需要弄明白的地方。在接下来的小节中，我将告诉你我所学到的一切，以便当你创办的企业开始腾飞时，你能比我准备得更充分。

预测增长和衰退

在奥普拉的助推下，我们的小公司需要更多的资源。在《奥普拉脱口秀》上亮相之前，我们只有一间小小的家庭办公室，里面有一群自由职业者和供应商。

我们就是用这种方法来降低运营费用和加快现金流动的。上了奥普拉的节目之后，我们需要迅速扩张。我们满怀信心地搬到了市中心一间更大也更贵的办公室，并且增加了人手，我们的运营费用随之上涨。即使所有的这些扩张都在进行之中，我们还是努力设法忠于我们的小小核心；从个人层面也好，从职业层面也好，我们都没有放弃这个小小核心。

我们努力保持正常的工作时间（周末不工作，甚至也不收发电子邮件），也没有屈服于与更低成本和更加环保的竞争对手相竞争。我们知道，那样的话，将是一场逐底竞争（race to the bottom）①，我们的品牌将受到影响。从非常务实的商业角度来看，与低成本的竞争对手相竞争，虽然可能在短期内获取利润，但会增大运营和财务方面的困难。

但是，我们的错误是：我们行动迅速，在牢记未来增长的同时根据当前的新需求重组了公司。我们只看

---

① 逐底竞争指为了获得竞争优势，不惜以打破竞争底线、造成不良后果为代价的竞争。——译者注

到了未来的增长，却忽视了相反的情况。所以我们在支出方面并不保守，也没有进行预测或预算，既没有浪费钱，也没有节省钱。多年来，我们公司一直增长缓慢，然后，在短短几个月内，就实现了3倍的爆炸式增长。

谁也不曾想到，接下来，大衰退（great recession）出现了。我们没有预料到自己会这么快就被推上"前线"，完全没有做好准备。

和许多其他公司不同的是，我们设法在这场衰退中幸存了下来，但并非毫发无损。这是多么艰难的一段旅程啊！那我们学到了什么呢？

"

在商界，你并不孤单。你是生态系统的一部分，

别希望能够逃避。

"

你可能沉浸在自己的现实中，但你的现实并不是唯一真实的现实。听一听新闻，了解一下家人和朋友的看法，即使你很忙，认为"外面"发生的事情并不适合你，也要去听一听，了解了解。为所有的"如果……会怎样"做好准备。

如果你采纳了下面的一些建议，会比我们准备得更充分。

"退潮时，水位已经比平时退去了数百英尺。你想去看贝壳吗？"

如何为一切做好准备

- 将运营费用保持在低水平。

- 谨慎地扩张（不要租大办公室，除非你已经人满为患了）。

- 在需要贷款之前，先了解贷款的来源。
- 敏锐地领导公司和员工。
- 练习围绕核心运转（不停地从多个角度来问自己："如果……会怎样？"）。
- 随时预测将来的形势（关于这一点的更多详情，参见下一章）。

注意采取行动

一旦经济开始下滑，所有人都提心吊胆。大衰退尚未发生，但它即将发生，而且规模极大。为防万一，各公司都在裁员，还有的公司则在减少库存。与此同时，我刚刚雇用了整整一个办公室的员工，公司正处于增长的阶段，我没有任何减少员工或压缩运营成本的经验。

在ECOBAGS公司，我们跟随着奥普拉的潮流一同欢歌。订单源源不断，现金流十分充裕。事后看来，我们当时应该"踩刹车"，把钱省下来，以防万一。我们犯了一个典型的商业错误，被现实的假象所蒙蔽。我以为我们不会受影响，不管外部世界发生什么，都不会殃及我们。我确实倾听了别人的意见，但没有谨慎从事，也没有采取任何行动。

我没有通过预测来计算我们的现金需求，也没有减少员工的工作时间，而是让办公室里的每一名员工都去上了每周一次的瑜伽课。我用正念和伸展来应对我认为的"金融癔症"，这正是我认为我们生存所需的。我们仍然做得很好，销售业绩很棒，我甚至有兴趣在接下来的混乱中与一群志同道合的合伙人一同扩张我们的业务。我忽视了自己想要削减和节约开支的本能，感觉这一切都太艰难了，超出了我的舒适区，所以我选择逃避去应对。

"

如果你喜欢压力，那就练习逃避。

"

获得帮助

在一年的时间里，我眼看着公司的营业收入减少了一半。在上《奥普拉脱口秀》之前，我们的销售额还远远高于这个数字，但如今已经跌至舒适区以下。我们开始吞噬现金，原因是我们没能快速减少开支。我们陷入了恶性循环，跟利润说了再见，迎来了黑洞，没有可以依赖的现金储备，也没有可以利用的财务资源。天，一片漆黑。

我去度假了，让我那苦苦挣扎的公司在一种"乐享生活"的外表下自生自灭。我还是遵照我的"假期优先"的原则工作，这是我认为的小公司的优先事项之一。然而，每一个认识我的人都能看出我的心思不在假期上。

我参加了舞蹈夏令营，在这里，我原本应该专注于我的创造力、与自然和运动相联系，但我无法真正地专注。我采取了行动，在康涅狄格州森林中央搭起的平台帐篷里用手机打了一个"非法"的电话，以寻求一位朋友开的公司的首席财务官的帮助。她围绕我需要做些什么提出了建议。

她建议的方法并不像造火箭那样高深难懂，只是认为我需要鼓起勇气，采取一些合乎逻辑的、切合实际的行动。我平静下来，结束了假期（当时离假期结束还有3天），然后着手使公司恢复正常。

如何为衰退做好准备

我是这么做的：

- 增大现金流。

- 减少应付账款。

- 通过告知供应商当前的情况来协商延长合约的条款。

- 通过接受信用卡付款、提供提前付款折扣或者其他激励措施来加速回收应收账款。

- 减少员工的工作时间。

- 把注意力集中在"需要做的"和"乐意做的"事情的对比上（也就是说，只做能够产生营业收入的赢利项目）。

● 与团队分享正在发生的事情，获得理解。他们
还可能提供一些好的点子。

我忙得手足无措了。幸运的是，有人将十分能干且
招人喜欢的首席执行官艾伦·夏皮罗（Alan Shapiro）推
荐给了我。我没有花时间仔细地面试其他人，就聘用
了艾伦，因为这次聘用能让我摆脱痛苦，使公司重振
雄风。

为了能够支付艾伦的薪酬，我将自己的花销削减
到零，而他确实去做了我没有信心做的所有事情。他
做得很好，他曾是一家大公司的首席执行官，比我更
了解如何调动团队积极性，以及领导和管理团队。

我将自己的压力外包出去后，使自己有时间重组
身心，并且仍然能够让我的自由时间排在优先位置，看
看公司接下来需要什么。我有意识地限制自己在公司中
的角色，以便忠于自己的小公司原则，别忘了，这些原
则也包括"使公司保持赢利"这一条。放手并不容易，

但这正是必须做的。

保持联系

还记得我们小时候玩的名叫"安装工人"（Erector）的玩具吗？把所有的部分连接起来形成一个整体，这就是我们商业界的现状。如果你需要用自然界的现象来打比方，那我们就是一片巨大的睡莲叶子，我们的根都一同生长在淤泥之中，相互缠绕在一起，我们需要彼此来生存。

"

每个人都是一个触点，当你需要帮助的时候，
他们可能会提供帮助。

"

在我们需要现金支持之前，并且在经济衰退来袭之前，我的会计师迈克尔（Michael）做了一件很棒的事情：他把我介绍给了他在银行的联系人约瑟芬

（Josephine）。约瑟芬告诉了我一件我还不知道的事情：如果你有着良好的信用评分，并且与银行家建立了良好的关系，那就更容易获得贷款。

我聘请了一位首席执行官来帮我们走出经济大衰退的泥潭，他是一个和我喝过咖啡的人介绍给我的，而这个人出于什么原因将首席执行官介绍给我，我甚至都记不起来了。这证明，当你和别人谈论你是什么样的人、你想做什么、希望如何成长时，他们有时候会认真倾听的。

> "
>
> **你在建立业务关系时，也就在构筑你的粉丝基础。**
>
> "

很久以前，我几十年来遇到的第一位也是唯一一位报关经纪人吉多·詹德（Guido Zhender）① 给了我很好

---

① 顺便说一下，吉多每年假期前后都会去办公室送巧克力。他住在瑞士和纽约，在世界各地都有大客户，而我们，无论从哪个方面看，都是他唯一的小客户。

的建议：

如果你遇到麻烦或需要什么，不要沉默或放弃。你能做的最正确的事情就是拿起电话，保持联系，一起解决问题。和你的供应商谈一谈，制定条款，这会让你们的关系更牢固。

我们就是这样做的。在经济衰退期间，我们努力调整业务，我们的合作伙伴、供应商和客户同样如此。我们没有逃避我们的承诺，而是给每个人打电话，让他们知道发生了什么。我们做好了准备和他们进行更加艰难的对话，如果有必要的话，会提供一些财务方面的参考信息。我们没有逃避必须做的事情，我们和他们就合约条款重新进行谈判，以便在我们需要的时候能够延迟付款，并且在我们能够做到的时候加速付款。

当竞争变得激烈时，就合作

在奥普拉的节目以及随之而来的所有媒体上亮相后，可循环使用的手袋的概念已经树立起来。即使在经济衰退期间，各公司也嗅到了利润的气息，纷纷涌入我们的市场。与此同时，其他创业家也有自己顿悟的时刻，于是和我们一样，以谦卑的姿态开始解决同样紧迫的问题。

没过多久，市场上就出现了多个像我们这样的品牌，它们都认真对待塑料袋污染环境的问题，并且以热情和诚实的态度来解决它。我们做对了一件事：一方面把其他品牌视为竞争对手，另一方面也将他们视为可能的合作伙伴，以解决更大的问题——塑料污染。因此，我们没有把资源投入与这些品牌的竞争中，而是以不同的方式看待它。

我们问自己，如果他们销售和推广我们的品牌，我们也为他们做同样的事情，会怎么样？如果我们在营销渠道中谈论他们，分享他们的故事，又会怎么样？如果我们采取一种合作的、慷慨的姿态，向他们提出同样的要求呢？如果我们实行合作式竞争呢？

合作竞争＝竞争＋合作。

——奥尼耶卡·奥拜奥查

你不想成为某个类别中的唯一品牌——从长远来看，你不想这样。早期的品牌必须首先确定一个市场并打开它的大门，但是，一旦它们这么做了，就会给其他品牌进入同一市场提供空间。我总是以为，进入市场空间的人越多越好。我们在环保手袋这个产品类别中是第一个进入的，这不仅有点孤独，而且难以找到那些愿意为我们腾出货架空间的买家。不但我们的品牌没有业绩记录，而且我们的产品类别也没有业绩记录。

一方面，如果货架上或者网络搜索引擎中只有某一品牌的商品，那就没什么可比较的了。到最后，客户还是想要选择，选择他们想要的品牌。另一方面，如果试图拥有一个完整的类别，注定会失败。因此，最好是集中你的时间和精力，深入了解你给市场带来的价值。还有什么比和其他志同道合的品牌合作更能让人们关注这一价值的呢？

合作竞争

奥尼耶卡·奥拜奥查现任耶鲁大学公共服务与社会正义中心创新思维主任，他创造了"合作竞争"（co-opetition）这个词，将合作与竞争组合到一起。他解释说，关键是如何利用伙伴关系来促进增长。这是我们在15年前就做过的事情，那时，这种做法还没有名字！

一个名为乐活包（ChicoBag）的品牌与我们秉持相同的理念，并且与我们的品牌类似。我们做出了一个简单的决定：和该品牌合作竞争。乐活包的款式和我们的大不一样，他们在中国生产。我们已经和印度的合作伙伴建立了15年的牢固关系。设计像乐活包那样的手袋（即使是用我们多年前开发的原型），既会给我们带来经济负担，也会使我们与乐活包现有的关系变得紧张。我们很早就决定将他们的产品卖给我们的客户，几年后，他们也将我们的产品纳入了他们的产品组合。

"我们应该经常进城看看！"

我们的决定使客户可以轻松购买他们所有的可循环使用的手袋，而我们则能够通过销售乐活包的品牌实现盈利，能够充分利用他们的营销，并且只用一次销售举动就满足我们的客户。当然，这并不是一次盲目的交换，我们睁大了眼睛进入这段合作竞争的关系，反复讨论后才对我们和乐活包的关系条款达成了一致。

> **"**
>
> ## 你想花时间创造粉丝还是击退敌人？
>
> **"**

如果你的公司理念触动了人们的神经，引起了轰动，看起来可行，那么，其他人就会想要像你一样，用同样的价值观和专注力来和你做同样的事情。任何一家企业都没有理由拥有整个小镇，只有一家餐馆的小镇，无疑只能吸引固定数量的顾客。当你增加另一家餐厅和咖啡店时，你就给小镇增添了选择。更多的人来，更多的人选择，更多的公司开放和繁荣，这就是推进力定律。

合作营销

扩大影响力的另一个选择是通过合作营销：找到另一个品牌，它与你自己的品牌有着相同的耐心并且"在同一个沙盘中游戏"，但你们之间不会用相同的产品直接竞争。把拥有这个品牌的公司找出来，赞美他们的故事，并且展开合作营销。

ECOlunchbox（环保午餐盒公司）的桑德拉·哈里斯（Sandra Harris）在推出自己的品牌时，出乎意料地打电话问我是否愿意做她的导师。她看到了我创办的ECOBAGS公司所做的一切，也想成立一家小公司。和我刚开始创业一样，桑德拉也是一位母亲，也想用一种产品来解决某个问题（用100%无塑料的可循环使用的环保午餐盒代替塑料午餐盒），同时还想获得不错的收入。

> 我通过与愿意分享他们的经验的人交流来学习。当然，很多争强好胜和生性多疑的人在保守他们的秘密武器，但他们通常没有宏伟的理想。我发现慷慨最能孕育慷慨，也最能传播伟大的创意。
>
> ——桑德拉·哈里斯，ECOlunchbox公司创始人兼首席执行官

刚开始是我对桑德拉进行指导，最后，这种指导演变成了我们之间更深入的思想交流。我们在不同的展

会上共享同一个展位，分享市场洞见和销售数据，通过我们的渠道进行合作营销，并且邀请其他类似的品牌加入我们的队伍。通过合作来扩大市场类别，我和桑德拉以一种非常受欢迎的并且能够产生盈利的方式提升了我们各自的品牌。

保护你的品牌

现在，我不想让你们对合作竞争的情景产生过于乐观的想法。在市场之中，你可能遭到竞争对手不道德的打击，原本和谐的业务关系也许突然改变，有时候你会发现，不仅你的产品在别的地方生产，就连你的创意也会被人们"借鉴"。就我们的情况而言，我们最受欢迎的产品的生产都停工了。

另一家公司正在销售可循环使用的环保产品，我也做出了一个简单的决定——与他们合作，起初是因为他们什么都没做。他们的公司一直在致力于搭建一个网络平台，将可循环使用类别中的多个产品集中起来，以充分利用消费者需求的浪潮。由于我们的网站更加人性化，因此，我们的品牌赢得了更广泛的受众。

我们在这家公司的平台上拓展品牌，以便客户能够更容易地找到我们。然而，随着我们产品的款式越来越受欢迎，这家公司要求我们为其贴上私人标签，用他们的商标代替我们的商标。我们断然拒绝后，他们便不再销售我们的产品了。相反，他们开始自行生产和销售我们这种款式的产品，对外表现得"一切如常"。果然他们更看重利润，而不顾合作伙伴的利益。最后，这家公司被卖给了一家更大的品牌企业，而我们仍然保持独立。这就好比一条大道，有很多条小路都可以通向它，当你是一家小公司时，可以选择你想走哪一条小路。

在类似的情况下，你必须做好行动的准备，尽一切努力合法地保护你的品牌。捍卫品牌需要大量的资源，所以，与其每次都被其他公司剽窃某个创意或者某种产品，最终被挤出市场，不如做好相应的准备，采用一切正当的形式和手段来应对。

但我要说的是，生活在这样一个世界里，用更少的钱在其他地方制造东西，往往更容易。和防止别人剽窃你的品牌相比，更重要的是注重你的品牌的完整性和影响力，要更加专注于保护你的品牌，这就是你作为小公司需要付出的精力和保持的警惕。虽说你不可能在自身品牌的周围筑起一堵坚不可摧的墙来保护它，但至少可以挖出一条护城河，从而更容易地保护你创建的东西。

> **练习**
>
> ## 尽一切可能保护你的品牌
>
> 这是我列的详细清单，从今天开始就检查其中的各项内容吧!
>
> - 把一切都白纸黑字地写下来。
> - 以多种排列方式注册你的品牌名称。（我们注册了Eco-Bags、Eco-Bag和ECOBAGS。）
> - 为你的品牌注册多种用途。准确知道你现在

在做什么，在不久的将来打算做什么，要涵盖你的基础用户。

- 与知识产权律师一起工作，把你所有的事情都安排得井井有条。
- 写一封措词强硬的品牌"停止和终止函"，以备不时之需。为在网络上所有使用你的商标的情况设置一个谷歌警报（Google Alert）。

如果你遇到一家侵犯你的知识产权的公司：

1. 联系他们，将你与知识产权律师的每次通信都复制给他们（与你的律师确认，除非你提出要求，不要采取任何行动。这样你就不会产生法律费用，但收到你的信件的律师将会认真对待这件事）。

2. 如果公司友好回应，就感谢他们。我发现，80%的企业都会积极响应并尊重你的要求，也许他们真的想和你的企业建立关系，出售真正的品牌。恭喜你，这样你就多了一个新搭档！

3. 如果他们没有回应，就发出那些停止和终止函，并将所有的信函和支持文件正确归档。尽一切努力在法律允许的范围内让他们消除你的品牌在所有营销渠道和传播手段上出现的所有问题。

零星想法

你永远无法凌驾于经济或市场的力量之上，这是一件显而易见的事，但你需要对你的小公司予以额外的关注。你可以随意地倾听收音机或播客，也可以主动地倾听，然后更深入地调查。你需要确定什么样的声波有可能干扰你的注意力和意图。我不是建议歇斯底里，事实上，我的建议恰恰相反：

"

别紧张害怕，想明白。

"

在事情恶化之前，要有深思熟虑的对策，这样你才能冷静分析你听到的东西，并且确定它将如何影响你的组织。从一开始就把你的数据按顺序排好（关于这方面的更多详情，参见下一章），然后更加有信心、更加有目的、更加轻松地用你的小公司优先处理的事项来指导你的决策。

第六章　小公司是精益企业

> "
>
> 我不在乎你是否认为自己是个数学天才。
>
> "

作为企业主，即使你有簿记员、会计和财务总监，你也需要熟悉企业的各方面数据。

一般来讲，簿记员会把一切安排得井井有条，会计将确保你遵守税务规定，并且帮助你制定战略，而财务总监则负责预测和预算。尽管有这些人的强力支持，你还是需要对数据了如指掌。

从商近30年来，我提到企业家的时候仍然多于提到数据的时候，但我知道它们，那是因为现金流是我的公司的命脉。

现金好比篝火中的柴火和车上的汽油（或电）。没有现金，你不可能做你需要做的事情；而太多的现金，你又有可能做你不需要做的事情。这两种情况我都遇到过，也许你也遇到过。我只想说，现金太多了，并不是一个真正的问题，除非你把它们用光了，没有任何储备。但是，现金太少会让你筋疲力尽，压力巨大。

马克·麦凯布（Mac McCabe）曾为里昂比恩（L.L.Bean）和格雷斯顿面包房（Greyston Bakery）等全国性的大品牌提供过咨询，并担任过高级管理职位。过去几年，我一直请他担任我的首选财务顾问和预测专家。

我们是在哈德逊谷的一个社会风险研究所（Social Venture Institute）[①]活动上认识的，我应邀在那里做演

---

① 如果你的小公司优先事项之一是让这个世界变得比你当初认识它时更好，你可能会对社会风险研究所的母公司——社会风险网络（Social Venture Network, SVN）感兴趣。社会风险网络是一个非营利性的会员组织，其使命是"支持和授权多样化的、创新的领导者，利用企业为更大的利益服务"，你必须符合一定的标准才能加入。这是一个有意义的组织，在发展公司的过程中，你应该意识到这一点。

讲。从那次重要会议后，我们的关系就变得亲密无间了（说实话，在我们的经济衰退时期，马克可能不是一个关键的资源，但需要展望将来）。

自从与马克合作以来，ECOBAGS公司的商业决策就都是基于预测和利润做出的。基于现金流的、掌握多方面信息的反馈，在所有的反馈之中已经占到99%，所以我们变得更好了。正因为如此，我请马克在这一章描述一下他的专业知识。

从马克的会计与数据的角度来看，小公司意味着采取一种精益的、极简的方法来获得最好的结果。生存和发展全靠数据，如果你只关心你"为什么"创业而不关心数据，你的企业可能无法生存下去。

用他的话说就是：

小公司仍然是企业。他们在竞争激烈的环境中生存，有些人会成功，更多人会失败。谁会成功？我没有水晶球，无法占卜未来，但我知道，如果你了解你公司的数据和这些数据如何影响结果，几乎总能提高成功的概率。

我也知道，即使你在盲目行动的情况下获得了即时的成功，若是不知道你的企业如何根据这些数据来运营，迟早会遇到麻烦。

要在你想要的范围内成立一家企业，必须使之符合现实。本章全都关于如何做我一开始没有做但现在在做的事情，这都是因为马克，他帮助我真正了解了我的数据。

现金流和现金的使用

足够的现金流是多少？你的底线是什么？无论这个数据是多少，它都应当与你对销售和支出的信心水平直接相关，并且基于历史，根植于你通过建立和培养的各种关系收集到的预测结果和未知因素。你在正式和非正式的交流中收集的零零碎碎的信息，构成了你创建和经营任何企业的全部内容。你不可能什么都知道，但知道得足够多，就可以做出更好的决策，或者知道你需要去哪里寻求帮助。

现金流的关键是提前了解并规划你所有已知的支出（典型的和非典型的，当前的和未来数个月的），并且与历史数据和预测相对照。当你开始创业时，也许没有可以参考的历史数据，正因为如此，与会计师合作或者与公司里的其他人交谈，将会显得十分重要。

如果你感觉像这样……

"

你需要现金、强大的财务结构和人脉，

否则你会失败。

"

理想的现金流是拥有足够的现金，以便：

- 做你必须做的事。
- 分配一定的比例，做你想做的事。
- 建立安全的现金储备，以备不时之需[①]。

　　手头有现金是关键。我最初的经历是白手起家，用自己的钱、用信用卡。我自己投资了 2 000 美元，用低息和无息的信用卡来购买存货和支付日常开支。我用电子表格管理信用卡，妥善处理延期还款事宜，在利率即将上升时更换信用卡。我在信用卡上预支了大约 10 万美元，从来没有因为余额不足而支付超过 2% 的利息。

　　这里的信用卡使用规则很简单：

[①]　在创业之初，你就需要现金储备。当你有钱的时候，而不是没钱的时候，银行更有可能贷款给你（并提供更低利率）。无论你是用自己的钱，还是用筹集的或借来的资金创业，请从每笔交易中抽取一定比例的资金，将其投入你的"储备资本"基金中。无论发生任何事情，都不要使用这些储备资本，除非你知道它可以获得补充，或者能够用信用额度或低息贷款来支撑。

- 我每个月都会付清信用卡欠款。

- 如果利率很低，我不得不欠款，那么我就结转余额，安排按月支付，而且总是支付高于最低限额的金额。

- 我只用信用卡支付那些用于满足基本商业需要的钱，与公司无关的费用，从不用信用卡支付。

在漫长的18年里，我白手起家，开创了一个市场。公司的增长缓慢而稳定，这给了我足够的时间来享受家庭生活，我可以在正常的工作时间里工作。只有在赚了300万美元，我发现自己的生意在经济衰退期间直线下滑之后，才开始寻找后备资金。

幸运的是，当经济衰退来袭时，我已经开始与银行家谈判，并获得了一笔美国小企业管理局（Small Business Administration，简写为SBA）贷款[①]。我还用我的房子进行了再融资，以便取出现金，防止从小企业管

---

① 美国小企业管理局贷款是依照美国小企业管理局的项目而为小企业提供的贷款，以满足不断增长的企业的特定资本需求。

理局贷的钱不够用。在我们能以优惠利率获得足够大的信用额度之前，我们所进行的就是这些操作。

自从我创业以来，我全心全意地为自己工作，但我意识到，并非所有的企业都能像这样成立。如果你想要或者需要更快地创建一家企业，或者你个人没有资金，得向投资者或众筹基金融资。我要提醒大家的是，融资可能会分散你的注意力，让你在实际运营中浪费大量时间。

你必须找到合适的投资人，因为一旦你拿了他们的钱，你就开始为他们工作，或者，在最好的情况下，开始与他们合作。不同类型的投资者会测算并期望不同的回报（例如，传统风险投资人和天使投资人）。

虽然我没有直接用过这些方法，但我知道在社会风险网络中有一个做过这些事情的人，她就是《以你自己的方式融资》（*Raise Capital On Your Own Terms*）一书的作者、律师及融资教练珍妮·卡森（Jenny Kassan）。珍妮致力于帮助企业更有效地获得资金，也从事这方面的业务。我建议你读一读她的书，从而更好地了解融资行业的情况以及摆在你面前的诸多选项。

良好信誉的重要性

做生意需要良好的信誉。简单地说，你必须证明你知道怎样借钱和还钱。怎么证明？那就是自己曾经这样做过。当你使用信用卡等金融工具时，银行或其他金融机构会监视你。这些钱是机构或公司"借给"你的，你要尽你所能地运用这些工具，也就是说，借钱并按照规定的期限还钱，才能建立良好的信用。及时地和系统地偿还，并且保持你的余额与你的整体资产相一致，将会降低违约风险。

我个人不太喜欢包括小企业管理局贷款在内的各种贷款，因为它们会阻碍你的现金流。然而有的时候，如果银行没有看到过你管理贷款，就不会给你信用额度。因此，利用贷款和信用卡来建立良好的信誉是非常必要的。先这么做，以便在你需要用钱的时候，在你陷入困境的时候，能够解你的燃眉之急。

如今，信用额度是我最喜欢的金融产品，因为它十分灵活，与贷款不同，你可以根据生意的起落来调整还款额，并且借款和还款。一旦你能获得信用额度，就采取保守的方法，在接下来的一两个星期里，只借应付账款所需的钱，然后尽快偿还。这既显示了你在一次又一次地使用信用额度，又体现了贷款的价值。只要你建立了良好的信用评级，就可以获得更多的现金与不同的信贷产品。

如果使用得当，信贷和贷款可以是救命恩人，也可以是商机，但千万别把这些钱当成自己的，它不是。

"

如果你欠了钱，它一直会左右你，直到你还清为止。

"

会计核算：每天都要用，并且用好

如果你和我一样，就不会自然地倾向于在抽象的数据世界里工作，尤其是当你有那么多令人兴奋的事情要做的时候，比如要生产产品、会见客户、设计商标和创建网站。但是，正如马克警告的那样，迟迟不关注你的公司的数据，就跟晚上开车不开前灯一样危险。

在这个方面，精心设计的账户和报告的图表能够发挥作用。

会计核算是一种工具，用以追踪和记录你的日常财务状况，包括：

- 实际销售收入是多少？
- 你销售的东西到底花了多少钱去做或者从别人那里买？
- 你付了多少房租、水电费、市场推广费、交通费、保险费和工资单（包括所有的福利和税）？

会计核算可以告诉你是怎么做的，哪些做法有效，哪些做法无效。它还可以帮助你追踪观察现金流的趋势和模式，以便等你有一天去上班时，突然发现以下列举的这些情况，不至于惊掉了下巴：

- 你的银行账户透支了。
- 你发不出工资了。
- 你最重要的客户已经两个月没给你付款了。

> "
>
> **每天刷牙，洗碗，更新账目。**
>
> "

把每一笔交易都按顺序归入合适的账户是非常重要的。如果不这么做，你怎么知道你做过什么，将来又要做什么呢？在下一节中，我将解释为什么知道这两件事如此重要。

预算和财务报告：你做过什么？将要做什么？

将你目前的财务状况与过去几年进行比较，是一件很有趣的事情，但这还不够。在每年跨年之前，你要制订一个月度计划，规划自己的工作方向。做到这一点的最好方法是列出一张预计的每月收入表（通常称为形式表），并记录你在会计核算系统中追踪观察的每一笔收入与支出。

接下来，你要根据你的预测结果来测算每个月实际发生的事情。如果你发现数字并不像你预想的那么乐观，那就采取一些措施吧！找到原因：你的销售额为什么较低，或者你的商品成本为什么较高，又或者水电费怎么会高得离谱。这可能与你观察的时机有关，但也可能是个问题。如果这是一个问题，每月检查一次，将有助于你及时采取行动，避免它变成更大的问题。

> "
>
> 如果你不控制数据，数据迟早会控制你。
>
> "

将二八定律作为一条运营指南

在第三章中，我介绍了帕累托法则，即80%的结果由20%的努力产生。应用到数据方面，这一法则可能意味着：

- 你的20%的客户购买了80%的产品或服务。
- 你的20%的产品带来了80%的销售额。
- 你的20%的广告吸引了80%的销售额。

为什么知道这个很有用呢？

马克举出了下面这个例子：

几年前，一家经营天然产品的中型批发分销商正处于现金危机之中，我对其伸出了援手。早些时候，我打电话给采购经理，询问他所在部门的订购流程（在食品类别中，你需要每周补货一次）。他自豪地说，他用的是一个井井有条的系统，在这个系统中，他的团队将供货商按照每个星期中的每一天来划分（例如，周一从供应商A那里采购，周二从供应商B那里采购，依此类推），然后在那些日子下单采购，根本不用考虑数量、供货商或者每一种产品的具体情况。

这家公司卖出了6 000件商品，我告诉采购经理，他应该花更多的精力来管理其中带来大部分营业收入的1 200件（20%）。他觉得我疯了。尽管如此，一位非常聪明的IT（互联网技术）部门经理还是编写了一个快速程序，按销售额对每件商品进行排序。结果是：第1 150件至第1 250件商品的累计销售额，在这6 000件商品的总销售额中占比80%。

知道了这些，对我有什么帮助呢？我立即对采购经理说，对于前20%的商品，每件都要额外购买10%的数量来储备，对于其他的所有商品，则要相应削减库存。

最后，由于他们重要商品的库存从未出现短缺，因此销量增加了，同时，对那些销售缓慢并最终过时的商品，由于他们并未持有大量库存，因此总库存下降了。销量的增加和过期商品的减少，成为他们走出困境的第一步。

对你的小公司进行"二八划分"

深入钻研你的账本，以便了解以下内容：

- 谁是你最重要的20%的客户？你如何确保让他们一直对你的公司满意？
- 你提供的哪些产品或服务为你带来了80%的总销售额（"重要的少数"）？怎样确保自己永远不会将它们销售一空？
- 哪些商品或产品即使卖到断货了也不会对销售产生影响（"无关紧要的大多数"）？

> 你能减少这些产品的库存吗？
>
> ● 哪些营销活动能带来最好的结果（80%）？怎样集中精力优化这些活动？
>
> ● 你的最佳客户是否居住在同一地区？如何才能在那里或类似的地方找到更多客户？

马克所举的例子清楚地说明了重点采用"重要的少数"而不是"不重要的多数"这一策略的重要性。关键是透过二八法则的视角来看待你自己的企业，看看你能学到什么。

小公司标准：你是否按照你的初心来创业？

除了管理现金和不断增长的利润，作为小企业主，你还有其他一些关键的东西来衡量你想怎么经商做生意（也就是你创业的初心）。

每周（如果不是每天的话）检查和测量你在个人

生活和职业生涯中的优先要事，是十分重要的。人们很容易偏离轨道，这很正常。

例如，在一间舒适的办公室里（可能离你的制造商有千里之遥）承诺"公平的劳动换来公平的工资"，然后通过有效的市场营销获取收益，是件十分容易的事情。但是，为了忠实于你的小公司价值观，你得在个人和职业层面上与合作伙伴建立关系，并确保你们之间步调一致。你必须亲眼看到他们怎样做生意，使用测量结果和第三方认证来确保承诺得到遵守。这里的底线是：你必须建立信任并确定标准。

确定标准是为了符合你的小公司的价值观并且检测这些标准。这方面一项绝佳的（而且是免费的）资源是《B型企业测量的重要事项》（B Corp Measure What Matters）的评估，帮助你衡量你对社会和环境的影响。

"也许我们试着吹口气?"

66

'也许可以试试'并不是一种鼓起风帆的有效策略,

或者说,不是提高销售业绩的有效策略。

99

　　清楚地了解那些对你的小公司十分重要的数据,
比如现金流,与预期相反的绩效,以及任何你用来帮助
自己坚持创业的指标,然后,始终如一地把这些指标放

在最前面和最核心的位置，让所有员工都接受。你可能已经创办了公司，但你的团队负责运营它，所以，一定要确保从公司文化上支持他们的努力。

通过清晰地表达你的创业理由，指导小公司的日常运营。

第四部分

放松，并且茁壮成长

也就是说，端杯水来！

第七章　走路上班，即使你在家工作

"

创业是一项耐力运动。

"

你需要一直训练，这样才能在过去的基础上进步，为将来做好准备。不管什么时候，你都要对自己负责，你的职责就是每天展示最好的自己。

作为一名创业者和企业主，你要做大量的决策，要同时完成许多事情。重要的是不墨守成规，用老方法解决新问题，而想要远离常规，需要进行训练。正如有人在我参加的一次静修活动上问我的那样：

如果参照过去，怎么创造未来？那样的话，你将来只能重新创造过去。

我不是建议你忘记过去。当然，我们可以从过去的经历中吸取教训。然而，未来有可能看起来不一样，也可能跟我们想过的不一样，而是全新的。保持新鲜，对新的创意保持开放的心态，有助于你在商海中处于领先地位。

这正是你需要经常锻炼你的思维和身体的原因。

科学表明，整天坐在办公桌前对你没有好处。而这么简单的道理，我们似乎总是需要别人来告诉自己，才肯相信。久坐不但对腰、背不好，对头、颈也不好。做任何重复性的动作，同样不利于身体。作为企业老板，你怎么可能每天在同一个职位上，用同样的方式做同样的事情，同时还保持创造力和效率呢？不可能。我说的不是你的工作系统需要的效率，而是更宏观的层面——保持你的身心健康和公司健康发展所需的思维能力。

有规律地起床、运动和伸展，从大楼或社区的不同部位向肺部吸入氧气，以及补充水分，这些对身体健康的重要性，再怎么强调都不为过。

> "
>
> **去端杯水来，你必须站起来！**
>
> "

让锻炼身心成为你的日常安排中的一部分。奇迹不会发生，但如果你经常练习，终会找到"魔法"，并且放松身心。顺便说一下，你还应当鼓励员工这样做，这是你减轻工作压力和避免精疲力竭的方法。

以下是我保持身心健康和让小公司稳健发展的一些行之有效的方法。

每天坚持散步

大多数时候，我和我的狗狗一起步行上下班（单程20分钟）。我的办公室和家离得很近，而且路线很适合步行，我就是这么计划的。

步行很重要。你可以随便走一走，无论是在家里还是在办公室工作，每天在开始工作之前至少步行20分钟。看看你是否能在一天中找到时间，最好是在结束一天的劳累之后走一走。绕着停车场走，爬一爬楼梯，挑战不同的地形。如果你乘坐公共交通工具，可以提前几站下车，走完剩下的路。散步的这些好处，胜过你能找到的所有不去散步的理由。

安排好自己的活动

虽然身在商界，但自己的活动也必不可少，要妥善安排好这些活动，以便照顾好自己。

我的一项活动是到附近的泳池游泳，我已经坚持了16年，每星期3~5次。这项活动通常安排在一天中的固定时间，没有商量的余地。我将它添加到了我的办公日历中，以便公司的所有人都能看到，知道这段时间我"不在办公室"。这么做的意思是要以这项活动为中心来协调其他商业活动，除非有紧急的事情必须优先处理。对我的员工来说，我去游泳也不是什么秘密，因为每次游完之后回到办公室，我的头发还是湿的！

让走路成为一项团队活动

如果你要带某人出去吃午饭或喝咖啡，那就走一段远路吧，或者在外面边走边聊。这就是模拟健康的生活方式，也为你的团队树立起榜样。虽然你不能让别人每天起床后都去走一走，但如果他们这样做了，他们会更健康，你的公司也将因此而更健康。

改变你自己——一步一步来

当你经历了新的或者是不同的体验时，你的大脑就会成长，但我们都知道，改变是很难的。仔细研究你怎样改变，是创建小公司的关键。

改变之所以难，是因为它让人觉得不可逾越。我们社会的文化让我们相信，我们必须一次完成所有的事情，如果失败了，就不会比刚开始的时候更好，这并不客观。你要做的就是选择一个方向，一次迈出一小步。

我爬上了锡安国家公园的仙女下凡峰，双手拉着铁链，爬到了760多米的顶峰，"一览众山小"。我并不是一个人，我们几百人一步一步地攀登着陡峭的悬崖。

但是，还有更多的人在山底仰望，担心我们会不会爬到半山腰的时候被铁链绕住了，动弹不得。扪心自问：你会选择加入哪一群人？

养成一个新的习惯

如果你感到自己无法摆脱某种旧的生活方式，那就开始培养新的习惯。要想摆脱某种可能妨碍你创业的习惯，最好的办法是用一个令人愉快且有益的新习惯来代替它。

有位朋友送了我一个沙漏计时器。我喜欢看着沙子在整整20分钟内全部漏完的样子。我觉得很无聊，想重新唤起我对生活的好奇心，所以决定用计时器来改变我的生活。

我开始每天写作20分钟，天天如此，坚持了一年。我坐在同一张椅子上，把沙漏计时器翻过来，想写什么就写什么。写什么主题不重要，重要的是把文字写在纸上，这并不容易，有时也很不舒服。

只要计时器一停，我就停下来，哪怕一个句子还没有写完。即使有时我还想继续写下去，但相比之下，每天坚持20分钟更重要。我通过限制自己的写作时间，激发了一种兴趣，激起了自己的好奇心，并且产生了想写更多东西的欲望。我学会了如何高效地利用时间，而不是给自己分配更多的时间。有句老话说："如果你想做完某件事，就把它交给一个忙碌的人。"

当我开始每天的写作时，脑子里除了想做一些新的事情外，再没有别的想法了。不知不觉间，我写了几部短篇小说，开始写一出完整的戏剧，并着手创作你现在正在读的这本书（不过，我确实延长了创作完成的时间）。

调节心情，关掉电子设备

给自己一些自由时间。无论是在办公室里来回踱步，还是坐在附近的咖啡厅里，都要给自己留出一些时间。不要在这些时间里打电话、听播客或者看新闻。尽情享受它，在一天之中（开始或者结束时）来一段短暂的个人静修。将许多短暂的不被注意的时刻叠加到一起，能够使你集中精力，以提高你的听力和集中注意力的能力。当你有意地关掉各种电子设备，安安静静地坐一会儿时，将会有助于改进你的决策、提高执行力，同时舒缓神经。

"

手机只是一个工具，要有节制地使用它。

"

度假

> 调节心情，关掉电子设备。
>
> ——肯尼·盖勒曼（Kenny Gellerman），
>
> 企业解决方案培训师

这是一个大问题。作为一名创业者，假期对你的健康和效率至关重要。把你的假期时间写在你的个人和工作日程表上，尽可能提前告知自己。制订计划，然后就去度假，不要回头。

当你不得不出差时，可以将它变成一次冒险的机会。别把时间表塞得满满当当，也不要出完差就匆匆忙忙回到办公室，可以在出差之前或之后花几天时间来减压和漫无目的地闲逛。

如果你认为你的公司会因此受到影响，或者更糟的是，你的公司会因为你和家人去度假而运转失灵，那就需要重新思考和重新组织公司架构。如果你觉得公司里的任何人都不能休假，因为这会让公司危如累卵，那你就需要重组公司了。

> 小公司就是要根据自己的条件，制造一些灵活的、赢利的东西，这样你和你的团队就可以安心回家吃饭了。

　　实际上，测试你的公司实力的最佳方法是离开一段时间，而不是每天都待在公司。离开一段时间后，你很可能会发现它仍然在顺利运转，如果不是这样，你至少可以更加放松，做好更充分的准备来处理接下来的事情。

"你没忘记邮寄那张支票吧？"

作为老板，你的职责是领导和调研，而不是管理。有了合适的人和你一块儿工作，那就适当地留给他们一定的空间，让他们有机会展示自己的才华，培养解决问题的能力，寻找机会并且拓展他们自己。

练习

为你的下一次假期制订计划

计划是抵御干扰的最好方法。方法如下所述：

- 回顾所有未完成的项目，把假期列入计划。
- 在任何项目（尤其是IT项目）周围留出足够的空间，并且预留2~4周的宽裕时间，因为你不希望自己待在一个无线网络受到限制的小岛上，在洗手间角落（唯一信号好的地方）解决问题。很明显，我是根据经验说这些的。

- 在每年的同一个时候，提前几周联系你的合作伙伴和客户，与他们约定会面的时间，以便他们知道是现在还是等你回来的时候和你谈谈。

- 制定一张紧急情况下的联系人信息表，假如有什么意外发生，相关人员可以打电话向你报告。

- 制定你休假时的联系人信息表，为问题的解决提供备用的联系人。

- 根据你自己的情况来制订度假计划，以便规定你在什么时候：

  一不上网。

  一关掉手机。

  一享受和家人在一起的时光。

  一激励别人也这样做。

- 写下"欢迎回来"几个字，并把它放在你的办公室或者电脑桌面上，这样的话，你回来时看到的第一样东西就是它。在投入工作之前，先欢迎你自己回来。

以下是我休假一周时回复邮件的原则：

如果我在周一或周二收到了重要的邮件，我会回复。

如果我在周三或更晚的时候收到邮件，那么，难道不能等到下周一吗？

制定自己的规则并遵守它。

放下

放下有两种形式：

1. 在一天结束时放下。累了，就回家吧，如果你已经回家了，就关上电脑，别再看邮件了，放下手头的工作！
2. 放下你公司的事情。你已经筋疲力尽了，或许不能再忍受一周接一周地做你正在做的事情，哪怕是你想做的事情。

我强烈建议你每年至少放下一次，也就是给自己打报告**辞职**（注意，我加粗了这个词）——也许是在暴怒之下。花点时间放下，但要深思熟虑，仔细想清楚。

- 列出所有你想要但没有得到或实现的事情。
- 找一份理想的工作或者能让你实现这些目标的工作。
- 重新撰写你的简历。
- 把它和求职信一起寄出去。
- 真正地参加面试。

这是对的，体验一下离开你的公司然后身着正装去参加面试是什么感觉。完成所有的应聘流程，关注你的想法。无论你是接受新的职位，重组现有的职位，还是回到原来的工作岗位，你都会对自己的身份和价值产生非常深刻的认识。

在我经营自己的公司的第七个年头，我沮丧地向自己"辞职"了。我猜那一定就是人们常说的"七年之痒"。我找了一份感兴趣的工作，准备好简历，得到了面试机会，我有信心能找到我想要的任何工作。但当我一进入那个巨大的办公"公园"时，我的心跳就加速了，我的胃也向我发出了信号："快跑，越快越好……跑！"

我忽略了身体发给我的信号，走进冰冷乏味的大厅，坐上电梯，朝9楼的办公室走去。在场的每个人看起来都不高兴。

我深吸了一口气，到达那里还不到20分钟，就走出了那个没有窗户的房间，直接返回ECOBAGS公司。此刻，我对自己想要些什么以及怎样实现它有了新的认识。

如果你和我不一样，你可以决定**放下**。

> **"**
>
> **如何使你的公司服务于你（无论你是否在IT行业）。**
>
> **"**

小公司是一种可扩展的有形资产。想要使之服务于你，你有以下这些选择：

- 出售并离开。
- 出售但保留一定的能力（如果你未来的职业生涯与品牌有关，那没有理由失去你建立的影响力）。
- 找一位合伙人，与之肩并肩地战斗。
- 找一个合伙人来经营企业，成为一个沉默的利益相关人。
- 继续拥有100%的股份，而不是通过雇用首席执行官，制定关键绩效指标、目标和评估来参与企业管理。
- 把公司卖给你的员工。

> "
>
> 它可以在没有你的情况下运转，但它能增长吗？
>
> "

如果你正在决定是否以某种形式继续前进，就需要考虑这个问题。小公司确实需要保持持续增长，一旦老客户流失，就必须吸引新客户加入，这是一个潮起潮落的过程。而且，还需要考虑你的整个生态系统（也就是你的员工、供应商和客户）。你的人际关系会影响你的决定。

运用以下3个关键要素来确立你自己的计算公式：

- 你的直觉。
- 你的会计师。
- 你的律师。

在我30年的商业生涯中，我的经验是：辨别已知的知识，并且与头脑冷静的专业人士一起在"如果……会怎样"的场景中进行演示，将会有力的支持你的直觉。我认为我知道的所有事情都需要再度经受质疑，看看我是否对自己诚实。一定要慢慢决策。

"

草率的决策之所以被称为草率，是因为它们可能

会留下不体面的印记。

"

　　　　小步向前：如何用小生意创造大效益

第八章　乐于分享

不要陷入自我孤立的陷阱

当你在一段时间内做了你正在做的事情，坚持"小"的价值观，并在此过程中取得了一点成绩时，人们最终会注意到你，尤其是，如果你能保持良好的人际关系的话。在这种时候，分享你的故事变得十分重要。

作为一名创业者，你总有故事可讲，而且总会有人从中受益。在我们生活的世界中，我们以为每个人知道的或拥有的东西都比我们多，但事实是有些人确实这样，另一些人则不是这样。

分享你学到的东西，这是一种慷慨的行为，就像把电梯送回楼下或者为下一个人把门打开一样简单。

把电梯送下去。

——李·艾佛曼（Lee Eiferman），
LeeWords公司

分享，共同构筑未来

只要有人邀请，就去发表演讲，找机会分享和指导别人。在一周内定期安排时间指导那些需要帮助的人，这是你慷慨的赠予，有助于他人构筑未来。

一队布朗尼女童子军来到我的办公室。她们在做一个环保项目，其中一位的妈妈嫁给了联邦快递负责我们公司业务的快递员乔。我们安静的办公室一下子来了18个吵吵闹闹女孩子，她们更感兴趣的是说话而不是倾听。我跟她们谈了商业和环境，演讲只有45分钟，好比刮过一阵旋风。我不知道她们会不会有收获。

第二天，我就接到女童子军的领导者打来的电话，告诉我说，在回家的路上，她们停下来买了些零食，所有人都对店主说："不用塑料袋了，谢谢。"几天后，我又得到消息，她们制定并签署了停止使用塑料袋的承诺书。几天后，我收到一个信封，里面装满了每个女孩子写的热情洋溢的感谢信，真令人惊叹，这些女孩就是我们的未来。

有一次，耶鲁大学邀请我去他们的管理学院做演讲。早在35年前，我就想去耶鲁大学念书，我参加了他们表演节目的试镜，但没被录取。现在，耶鲁大学邀请我给他们的环境创业家的研究生班做演讲，邀请的居然是我！

甚至是在久负盛名的耶鲁大学的学生，也对我的故事产生了共鸣。让他们产生共鸣的是我卑微的起步，从零开始做一名演员，并通过影响文化的事业赚了100万美元的经历。他们既紧张又兴奋，都想出去创业，在这个世界上留下自己的印记，就像30多年前的我一样。还有些学生来找我，对我的故事表示感谢。

他们有一种感觉，如果连我都创业了，那证明他们也能创业。

分享，以便建立联系

人们邀请我做演讲时，我不是围绕事实或数据来演讲。无论是新的创业者、研究生还是中学生，这些故事都能引起他们的共鸣。虽然愉快的结局总是很好的话题，但每个人真正想听到的是我们陷入逆境、遭受挫败和面临困难时是怎么做的。我们如何应对解决问题的挑战，如何创建和经营企业来解决这个问题。我们如何冒险，失败，再冒险。

冒险，失败，再冒险。

——国家戏剧学院，尤金·奥尼尔戏剧中心

联系指的是你让你的听众或观众笑（或哭）的时候发生的事情。联系是激励他们自己顿悟的动力，能够鼓舞人心。我们生活在一种崇尚英雄神话的文化氛围中，想与那些拥有我们渴望拥有的东西的人为伍，并将其具体化。即使是一缕微光，也能打开新的大门。

如果你学到了一些东西，那么重要的是慷慨地分享出来。即使你的公司失败了，也要谈一谈它，谈谈它失败的原因以及你现在知道但当时不知道的事情。你不是在提供建议，而是在分享故事。故事可以直接影响一个人的灵魂。

利用你的专长在非营利组织和社区委员会当志愿者，分享你的观点。为了良好的体验而分享，而不要执着于结果。如果你能提供哪怕是最微小的智慧，或者能搅动一锅难以搅动的水，你也会有所作为。不要隐瞒你学到的东西。

没有哪里比家更好

在你生活或工作的地方画一个半径为80千米的"圆圈"。不论圆圈最终涵盖了哪些地方，你都可以确信，你刚刚画的圈子里，一定有开明的、积极的、慷慨的人。我打赌，你能找到本地区的图书馆、商会、狮子会①、扶轮社、高中、社区学院或大学，这为你提供了大量的机会来讲述你的故事和分享你的见解。如果没有，那就自己举办一场活动或一次会议。

不要为了得到什么汇报而这样做。先主动回馈，分享你的经历，成为社区中积极的一分子。

就在几年前，我意识到，我居住的小镇好比一座相互联系的金矿，只要你愿意走出家门和大家联系，就一定能挖到"金子"。我住在纽约州的大都市，周围都是受过良好教育、积极向上、关系密切的人。我花了很长时间寻找我需要的东西，却没有去找隔壁的

---

① 国际狮子会（Lions Clubs International）于 1917 年成立，是世界上最大的服务组织，其会员分布于世界 209 个国家和地区，总部设在美国。国际狮子会的英文名称是"LIONS"，其中"L"代表 Liberty（自由），"I"代表 Intelligently（智慧），"O"代表 Our（我们的），"N"代表 Nation's（民族的），"S"代表 Safety（安全）。这几个字母连在一起就成了"LIONS"，在英文中的意思恰好是"狮子"，于是大家便将该组织称为"狮子会"。——译者注

邻居。之前我经常和隔壁邻居谈论我们的孩子，不过，当我们把注意力转向工作时，发现彼此有更多的东西可以互相分享和支持，而且，我们的人际网络扩大了10倍。[①]

我经营我的公司也许超过22年了，到这时我才真正意识到，没有什么地方比得上家。每天早晨醒来，睁开眼睛，思考片刻，就发现我身边的朋友、家人和邻居不仅拥有丰富的专业知识和人脉，而且我自己也有可以奉献给别人的东西。

我不再倾听我需要什么，而是开始倾听别人需要什么。我听着去学习，而不是听着去获取。当我扩展了社区的概念时，我的"伙伴"圈子也随之扩大了，我非

① 这是一个完全不同的话题——关于女性如何谈论或不谈论商业的话题。我们如何深入重要的核心（如家庭、健康、度假等）而不是投入工作中去。工作占据了我们大部分时间，但我们在一起时却很少谈论工作。事实上，我们几乎不知道我们每个人每天在做什么。

我个人认为，如果女性更多地谈论我们的工作和激情，就会找到一座金矿。如果我们把谈话转移到我们做什么，我们如何在沙盒中一同工作和玩耍，这种交谈可能会是革命性的。

常喜欢圈子中的人。

"

生活和生意是递进的。

"

这是我从"低碳出行"（Climate Ride）训练中学到的。①就大多数时候而言，每个决策都很重要，但是，下一个决策总是更重要。如果你想去某个地方，必须先钻进车里，给车加油，发动引擎，然后朝一个方向前进。你一次只能走一千米，要不断地向前行驶。

同样，也不断地推动你的小公司向前进吧。

结束一天的辛勤工作，你总会有时间来思考和处理自己的事情。为什么总是在结束一天的劳累工作时呢？也许这就是过程。如果你争取的话，还可能会有中

---

① 低碳出行是一个非营利组织，经常举办改变现有生活方式的慈善活动，以提高人们的环保意识，支持可持续发展，从而支持积极的交通和环境事业。

午的时间，出去坐在草地上，和你的狗狗一起在正午的阳光下看书。或者喝杯水。我会去游泳，而且是经常游，甚至到了夏天会每天游。这很神奇，这就是小公司的大魔力。

走到户外，在草丛里坐一会儿。

/ 致谢

我很幸运能得到这么多人的支持和鼓励。从向我的父母琼（Joan）和米尔顿（Milton）那里学习零售的诀窍，到与博尔德尔公司（The Bolder Company）的联合创始人艾伦·奥纳多（Ellen Ornato）和玛莎葡萄园岛海盐公司（Martha's Vineyard Sea Salt）的联合创始人海蒂·费尔德曼（Heidi Feldman）这两位小企业家，也是我的好闺蜜探讨"购物"的技巧，我都得到了他们的支持和鼓励。

我的丈夫布莱克和孩子朱利安、伊娃启发了我

"为什么要创业"。我想和家人在一起，做一些重要的工作，并且带着社会责任感来谋取生计。1989年，我确立了创办"小"企业的大目标。布莱克因为怀着超级的耐心、甘当我桌子底下的电线（也就是为我提供IT支持）、为公司起名，以及创作填满我灵魂的音乐，而值得我在这里重点表扬。

早年的表演经历教会了我怎样倾听和如何面对失败。感谢我之前学习过的地方，包括克拉克大学、国家戏剧学院的尤金·奥尼尔戏剧中心（我在这里学习表演和即兴表演课程）以及诺伊斯节奏学院（我在这里待了许多年，现在仍与这所学院内部的舞蹈演员继续保持联系，这值得庆贺）。

塑造品牌是一回事，而让其一天天茁壮成长是另一回事。非常感谢集智慧与优雅于一身的安德鲁·戴尔（Andrew Dyer），同时感谢苏珊·阿斯克（Susan Askew）、莫丽·纳文（Mollie Nalven）、亚历克斯·德阿特（Alex D'Attore）、丽莎·帕夫利克（Lisa Pavlik）、克里斯蒂娜·奥莱利（Christina O'Reilly）和苏珊·乌亚多夫斯基（Susan Ujadowski）等人所做的贡献。

一切都是因为社群。感谢我在女总裁组织（Women Presidents' Organization）的同事们：琳达·普莱斯（Linda Price）、凯莉·奥唐纳（Carrie O'Donnell）、塔米·杰西（Tammy Jersey）、盖尔·罗布（Gayle Lob）、凯茜·吉拉克（Cathy Jirak）、艾米丽·麦克汉（Emily McKhann）、琼·兰多夫（Joan Landorf）、贝丝·邓普希（Beth Dempsey）、玛丽安·多诺万（Maryann Donovan）、桑德拉·鲁伊斯-德赛（Sandra Ruiz-Desai）、玛丽·詹施（Mary Jaensch）、凯瑟琳·佩尔卡（Kathleen Perkal）、德布·沃兰斯基（Deb Volansky）、南茜·耶鲁（Nancy Yale）、安·布维德（Ann Buivid）和露西·沃维斯（Lucie Voves）。还要感谢罗丝·佩内洛普·伊（Rose Penelope Yee）、蒂姆·伊（Tim Yee）、劳拉·皮尔逊（Lara Pearson）、科里·布莱克（Corey Blake）以及其他众多B型企业和社会风险网络的成员。这两个社团让我的热情熊熊燃烧。

十年前，赛斯·高汀先生召集了一群出色且有影响力的女企业家，开启了一个名为FeMBA的项目。一直到现在，我们都紧密地团结在一起，互相支持。感谢赛斯·高汀、朱莉·博斯坦（Julie Burstein）、苏珊·丹齐格（Susan Danziger）、达赫娜·戈尔茨坦（Dahna Goldstein）、丽贝卡·罗德斯科格（Rebecca Rodskog）、德西蕾·瓦格斯·瑞格利（Desiree Vargas Wrigley）、艾米丽·麦金尼斯（Emily McInnes）、妮可·甘蒙（Nicole Gammon）、丽兹·福金·波汉农（Liz Forkin Bohannon）、杰西卡·奎因（Jessica Quinn）、布鲁克斯·贝尔（Brooks Bell）。

贝尔特–科勒出版社（Berrett–Koehler Publishing）的编辑部主任尼尔·梅勒特（Neal Maillet）看到了我这个灵感的火花，并且鼓励我把这个小想法发展壮大的过程写下来。感谢尼尔和才华横溢、鼎力支持我的出版团队的每一个人：史蒂夫·皮尔桑蒂（Steve Piersanti）、克里斯汀·弗兰茨（Kristin Frantz）、凯蒂·希恩（Katie Sheehan）、丽兹·麦克拉（Liz McKellar）、迈克尔·克罗利（Michael Crowley）、吉万·西瓦苏布拉姆（Jeevan Sivasubram）等人。

之前我不知道出版一本书要经历多少个阶段，现在我知道了。感谢在这本书的不同制作阶段帮助过我这个新手的人：我的妹妹艾伦·奥纳多，她第一个说我这个事业是门"小生意"；追踪奇迹（Tracking Wonder Quest）公司的杰弗里·戴维斯（Jeffrey Davis），他说我的小公司富有"魔力"；迈克尔·博伊斯（Michael Boyce），他的"冷启动"（start cold）方法深得我心；LeeWords公司的李·艾弗曼（Lee Eiferman）和我一起面对初稿开怀大笑，然后指导我找到自己的叙事风格和创作流程；这本书的开发编辑丹妮尔·古德曼（Danielle Goodman），她的专业能力令我敬佩。感谢泰莎·贝尔（Tessa Bell）在我酝酿创作这本书的过程中陪我走了很长一段路，还有卡佳·伽马（Kaja Gam）、肯·斯卡尔斯基（Ken Skalski）、休·洛克（Hugh Locke）、阿普利尔·弗里曼（April Freeman）、特鲁迪·埃班克斯（Trudy Ebanks）、明迪·克尔曼（Mindy

Kerman）、肯尼·盖勒曼（Kenny Gellerman）、黛比（Debby）、汤姆（Tom）、詹妮弗·博伊斯（Jennifer Boyce）、苏珊·戴维德森（Susan Davidson）、戴夫·汤普森（Dave Thompson）、艾伦·普赖尔（Ellen Prior）、马克·莫加内利（Mark Morganelli）。感谢弗利普·布朗（Flip Brown）向出版社推荐了这本书，麦克·麦卡伯（Mac McCabe）慷慨地分享了他的时间和智慧，以及PR Red公司的安·玛丽·尼维斯（Ann Marie Nieves）真挚的友情，并且告诉我应该修改哪里。

　　之所以写这本书，是因为我在女总裁组织的朋友、康纳斯国际（Connex International）的老板黛布·沃尔兰斯基（Deb Volansky）一遍又一遍地说："你是我的灵感。"而我一直觉得这不可能。我要感谢黛布，是她让我开始了这一探索之旅，让我着手更深入地探究我的创业理由，并且清晰地阐明是什么启发了我、什么推动了我。我的目标是激励和支持更多的人，如果我做到了，请告诉我。

　　莎伦·罗维是ECOBAGS公司的首席执行官,她在1989年创办了该公司。2010年,该公司成为一家获得认证的B型企业。

　　ECOBAGS是世界上第一家可循环使用的购物袋品牌。它在全球范围内销售,其理念是B型企业公认的"对世界最好"的社会和环境保障与标准。莎伦是社会创新和可持续负责任生产的思想领袖。她经常就建立与使命和价值相关联的营利性企业的主题发表演讲。莎伦认为,商业是塑造文化的思想的货币,可以成为一种有益的力量。从耶鲁大学到辛辛监狱，从肯尼亚的内罗毕创新中心到哈德逊谷的社会风险研究所大会，她的演讲行程遍布世界各地。

她曾登上《时代周刊》、《魅力》、《企业家》和《华尔街日报》等报刊，在美国国家公共广播电台的《直播美国》节目中亮相，并且受到获奖纪录片《Bag It》的采访。其环保手袋还出现在2007年《奥普拉脱口秀》的第一期"世界地球日"节目中。

莎伦获得过众多奖项，包括2012年的"年度创业女性"奖、哥伦比亚广播公司的"女性成就"奖、韦斯特切斯特商业委员会的"年度企业家"奖、《914公司—韦斯特切斯特杂志》评选的"最有成就女性"奖、女性企业家发展中心颁发的"莉莲·弗农奖"，以及韦斯特切斯特协作剧院评选的"最有价值企业家"奖。

莎伦是社会企业网络和女总裁组织的活跃成员。她曾服务于哈德逊河单桅帆船清水委员会，是韦斯特切斯特合作戏剧委员会的成员。

莎伦和她的丈夫布莱克住在哈德逊谷，布莱克是一名音乐家和教师。她的两个成年子女伊娃和朱利安在外地生活，追求着各自的兴趣。土木工程师伊娃专注于可持续设计。朱利安是一位漫画家，其作品曾发表于《纽约客》杂志，也正是本书的插图作者。他与妻子还有两条狗住在一艘小帆船上。